海外ドラマの間取りとインテリア

小野まどか 著
イエマガ編集部 著
ヤマサキタツヤ イラスト

X-Knowledge

はじめに

キャリーの部屋って、いったいどうなっているんだろう。

　そんなふとした好奇心から、海外ドラマの間取りとインテリアの偵察が始まりました。

　もともと海外ドラマや映画が大好きで、好きな作品はＤＶＤが見られなくなるまで何回も再生して見るたち。特にはまったのが、「セックス・アンド・ザ・シティ」でした。なかでも、キャリーのおしゃれなファッションや、一人暮らしを謳歌している部屋のインテリアなど、そのライフスタイルには毎回目が釘付け！毎日キラキラと楽しそうに生活している姿に、何か真似できるヒントがないかと探し始めたのです。

　インテリアコーディネーターという職業柄、一番気になったのが「部屋のインテリア」。それぞれのキャラクターに合わせて、住んでいる場所から部屋の間取り、置いてある家具や小物まで、よく見てみると実はしっかり考えられているのに驚きました。ただ住んでいるのではなく、自分の暮らしに合わせたインテリアになっていることに感動したのです。

　当時、お客さまから寄せられる悩みで一番多かったのが、「部屋はステキにしたいけどどうしたらいいのかわからない」というものでした。そこで、海外ドラマから部屋づくりのヒントが見つけられないかと考えたのです。まずは私が気になっていたキャリーの部屋から、その間取りがどうなっているのか、どんな家具が置かれていて、どんなインテリアになっているのか、ＤＶＤを何回も見返して徹底的に偵察することに。そして、３Ｄで図面を作成し解説を付けたものを、自分のブログにアップしました。

これが読者のみなさんに大好評！「キャリーの部屋が大好きなので嬉しいです！」「今度引っ越すので参考にします！」と、たくさんの嬉しい感想をいただくようになりました。そこから、素敵な部屋の登場するドラマや映画を取り上げてどんどん更新するうちに、ブログを見てくださったイエマガ編集部から、うちのサイトで連載しませんか？とお声がけいただき、「海外ドラマの間取りとインテリア」が始まりました。

それから4年。

1か月に1つの海外ドラマや映画を取り上げて解説をしてきましたが、どれも本当に愛着があるものばかり。間取りが複雑すぎたり、部屋のシーンが少なすぎたりと毎回苦労の連続でしたが、とても楽しい作業でした。シーズンによってセットが変更されたり、デザインが複雑で3D化できない家具があったり、全く同じというわけにはいきませんでしたが、何より取り上げるドラマのファンの方をがっかりさせないように、毎回できるだけ忠実に再現するようにしてきたつもりです。

今回の書籍化にあたり、48作品の海外ドラマ・映画をご紹介しています。自分の大好きな作品、あるいは観たことのない作品もあるでしょう。ぜひ、今日からドラマ鑑賞のお供として、部屋のシーンが出てきたらそのページを開いてみてください。きっと新たな発見が見つかり、作品をより楽しめると思います。

この本をきっかけに、ステキな作品や、あなたの好きな部屋づくりのヒントがたくさん見つかれば嬉しいです。

小野まどか

目次

この本の中の間取りは、基本的には各ドラマのシーズン1から取り上げています。また、作品はすべてDVD/ブルーレイなどのソフトが発売されているものを選んでいます。最近では各種動画配信サービスも充実していますので、ぜひ本書を片手に海外ドラマの世界にどっぷり浸かってみてください。

本書の案内役

間取り探偵（探偵）

インテリアや間取り、リフォームなどを知り尽くした家づくりのプロ。インテリアの楽しさをもっと知ってもらいたいと、ドラマや映画の中のインテリアを読み解く探偵業を始めました♪

秘書（イエ子）

海外ドラマが大好きで、このたび秘書に任命されました。面白い間取りやインテリアのカットを求めて見尽くします!

デザイン　細山田デザイン事務所（米倉英弘）
DTP　エストール
編集　関根千秋（x-knowledge）

01 メキシカンな家

[アグリー・ベティ]

探偵（以下・探）：はじめまして。今日から、海外ドラマの中から家のシーンを探し出して、その間取りとインテリアを調査する探偵局を始めました。

間取りやインテリアがストーリーやキャラクターとどんなふうに関係しているのか、おしゃれのポイントと一緒にお伝えしていきたいと思います。

イエ子（以下・イ）：第1回目は、私も大好きなドラマ『アグリー・ベティ』です。主人公のベティ一家が住んでいるのは、メキシコからの移民ということを意識した、メキシカンテイストの可愛い家！

イエマガ内でも、この家の間取りが見たいというリクエストを多くいただいていました。みんなの興味を引いたポイントはどんなところなのでしょうか。

料理好きのお父さんが使いこなすキッチン

探：まさに外国のキッチンという感じで、とっても広々！ でも、かっこいいというより、一目見て思わず「可愛い！」と言ってしまいそうな、

ストーリー紹介

[アグリー・ベティ]

舞台はニューヨークの有名ファッション誌の編集部。垢抜けない容姿の主人公ベティが、「ファッション雑誌には合わない！」とセンスとルックスをバカにされながらも、正義感溢れる人柄と努力で、恋に仕事にと突き進む姿が共感を呼んだラブコメディ。ゴールデングローブ賞やエミー賞などの数々の賞を受賞した大人気ドラマです。

ベティの上司。出版社の社長の息子

ベティ・スアレス

ベティの家族（お父さん、お姉さんとその子供）

[間取りとインテリア]

玄関から納戸のようなスペースを通り抜けて玄関ホールに。右手に階段、左手にリビングがあります。その先がダイニング、さらに奥が広々としたキッチン。

玄関ホールから直進したところにある部屋は、先のシーズンで一家がはじめるビジネスに使われるようです。

いかにもラテン的な
カラフルな
色使いに注目。
（探偵）

冷蔵庫の横のヒーターの前で洗濯物も干す……。多目的キッチン！

① 作業に合わせて小さなテーブルを出して。ベティとお姉さんが一緒に用事も足せるキッチン。

ベティの家族らしい個性豊かなキッチンなんです。
　それをいちばんよく表しているのが、いかにもラテン的なカラフルな色使い。鮮やかな赤の壁に黄色の花柄の壁紙を合わせたり、そこにまた真っ赤な花柄のカーテンをかけたり。ちょっと派手に思えるかもしれませんが、これが上手くコーディネートされているので気にならないんです。ところで、インテリアはもちろん、私は毎回違うエプロンを付けているお父さんにも目が釘付けでした。

イ：そうですね！　ベティの亡くなったお母さんの代わりに、家族の食事を作る優しいお父さん。マフィンが得意なんですよね。

玄関から広がるリビングとダイニング

探：リビングとダイニングに置いてある家具は、ずっと昔から愛用しているんだなと思わせるような、温かみのあるアンティークな雰囲気のものばかり。さりげなく椅子に掛けられたラグや、バラの刺繍（？）のレースカーテン、壁に飾られた聖母マリアの絵など、メキシコを感じるアイテムを探すのも楽しいですね。
　リビング、ダイニングから玄関が見えるようになっているので、誰かが来ても、家族みんなが迎えてくれるようなつくりになっています。

イ：リビングから玄関が丸見えなので、ベティが家をこっそり抜け出そうとすると、必ず、お父さんに見つかるんですよね。お父さんがキッチンからダイニングにひょこっと顔を出すシーンも愛嬌たっぷり。
　こうやって改めて見ると、結構物が多い家ですね。でも、決してごちゃごちゃして見えないのは、実はスタイリストさんの絶妙な計算の賜物なのでしょう。

お父さんの定位置。奥はダイニングです。

キッチンとリビングに通じた、
ホールのようなダイニング。

メキシコを感じさせるアイテムを
探すのも楽しいですね。
（探偵）

赤でコーディネートされたリビングは、物であふれています。

ベティが勤めるファッション誌『MODE』の社内は、
円形のデスクが印象的な未来的インテリア。

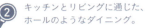

02

シングルマザーの可愛い家

[デスパレートな妻たち]

探偵（以下・探）：今回は、女性に人気の海外ドラマ『デスパレートな妻たち』の家に挑戦します。

イエ子（以下・イ）：美しい女性たちに美しい家。でも話の展開は早いし、意外と恐い話も多かったりします。

探：高級住宅地が舞台だけあって、立派なおうちがぼんぼん建ち並んでいます。きれいに刈られた庭の芝など、日本とは違う住居のこだわりやライフスタイルがのぞけるところも魅力のひとつですね。

　主人公4人の家はどれもゴージャスですが、今回はスーザンの家を選んでみました。

イ：これでも4人の中では一番庶民的ですね。

探：スーザンは子供の本の挿絵を描く仕事をしているだけあって、ナチュラルで可愛らしいテイストの家に住んでいます。壁にはスーザンが描いたと思われる絵や娘との写真がたくさん飾られていて、統一感のある木の家具も、温かみのある雰囲気。

L字型の窓辺のキッチン

探：玄関を入るとダイニング、キッチンと続きます。この広～いキッチ

ストーリー紹介

[デスパレートな妻たち]

「ウィステリア通り」を舞台に、仲良しの女性４人の日常の中でコメディ、サスペンスが繰り広げられる高視聴率の人気ドラマ。それぞれ絵本作家、カリスマ主婦、元トップモデル、キャリアウーマンという主役の4人以外にも毎回秘密を持った個性的なキャラクターが登場し、驚きのストーリー展開が楽しめるドラマです。

ヴィステリア通りに住む仲良し4人

[間取りとインテリア]

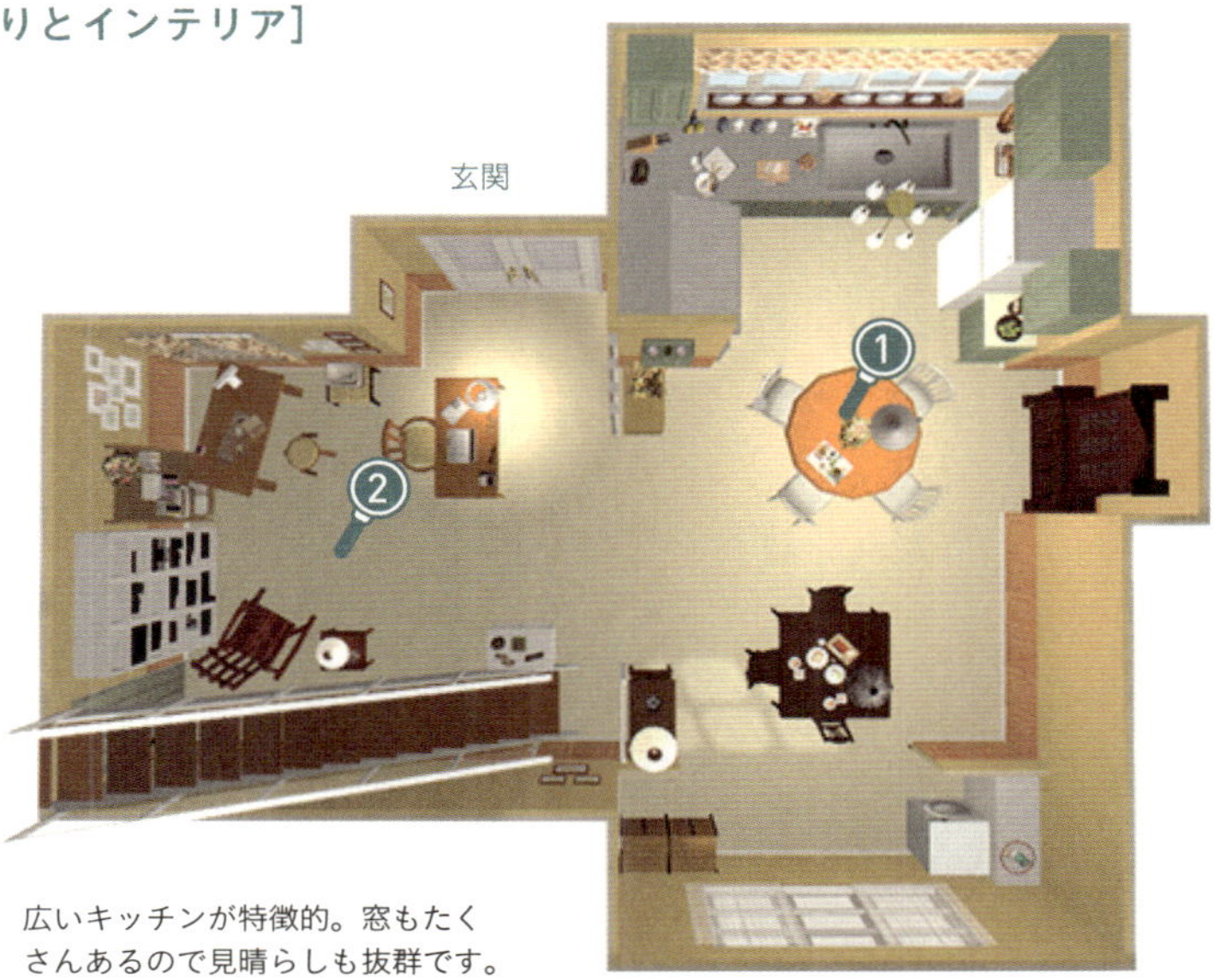

広いキッチンが特徴的。窓もたくさんあるので見晴らしも抜群です。

統一感のある木の家具で、温かみのある雰囲気に。
(探偵)

スーザンの家の外観

① オレンジとグリーンの組み合わせでちょっぴりカントリー風。

ンで家族や来客と話し込むこともしばしば。日本では考えられませんね。オレンジの壁にエメラルドグリーンのキャビネット類が印象的なキッチンには、調理器具や食材が無造作に置かれているのがいい感じ。よくスーザンは食器を洗いながら隣人の様子を観察したりしています。どこで見られているかわからないので、変なことはできないですね（笑）。

雑貨と仕事道具が並ぶワークスペース

探：スーザンの家で面白いのは、玄関を入ってすぐ右側に仕事スペースがあるところ。色鉛筆やペンが転がっていたり、壁にはスケッチが貼られていたり。しっかり者の娘のジュリーと話しながら仕事していることもありますね。

イ：このワークスペース、可愛いなあと思っていました。スーザンのキャラクターにも合っていますし。

探：そうですね。あまりプライベートと仕事をかっちり分けていない感じ。

イ：最初のうちはスーザンはシングルマザーだったので、気兼ねなく好きな場所で仕事の道具を広げられたのかもしれないですね。

探：そもそも、本の挿絵の仕事でこんな立派な家に住めるなんて……と違う意味で見入ってしまいますが、それは考えないようにしましょう（笑）。

イ：ええ。いつ仕事してるの？ とかも（笑）。

イ：このドラマは、セットとして家が本当につくり込まれていますね。スーザン以外の3人の家も、それぞれ統一感のある高級インテリアで、キャラクターをうまく表現していました。

ガブリエルの家

ブリーの家

リネットの家

2 壁にかけられた絵や
写真にも注目。

あまりプライベートと
仕事をかっちり
分けていない感じ。
（探偵）

こじんまりとしたワークスペース

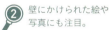

03

ボストンのルームシェア
[アリー my Love]

探偵（以下・探）：今回は、97年から日本でも放送されたコメディドラマ『アリー my Love』の家です。

イエ子（以下・イ）：読者からのリクエストも多かったドラマですね。私が海外ドラマにはまるきっかけになった作品でもあるので、楽しみにしていました。

探：弁護士としてバリバリ働くアリーは、検事でもある親友のレネと部屋をシェアして暮らしています。

イ：アリーの働く弁護士事務所、法廷、家はどれも地理的にとても近い設定のようで、仕事中に二人ともしょっちゅう家に帰ってましたね。家も可愛いし、ルームシェア生活がとても楽しそうで。

探：そうですね。このドラマを観て、ルームシェアに憧れも持った方も多いのではないでしょうか？

甘すぎないピンクの壁のLDK

探：さてさて。この家の間取りは、アリーとレネそれぞれの部屋と、共同で使うリビング・ダイニングの2LDK。仕事柄、都会的でカッコいい部屋に住んでいるのかと思いきや、壁がピンクで暖炉もあったり、

ストーリー紹介

[アリー my Love]

ボストンの法律事務所を舞台に、エリート弁護士でありながら「運命の人」との出会いを夢見る主人公アリーの恋と仕事、友情を描いた大ヒットドラマ。等身大の現代女性の姿をリアルかつコミカルに描き、時には社会問題なども盛り込んだ法廷ドラマとしての面白さも高く評価された名作です。変人だらけの同僚たちのキャラクターや有名歌手のゲスト出演、アリーの妄想を実写に合成したCGなども話題になりました。

[間取りとインテリア]

リビングの隅には謎のらせん階段が……。どこにつながっているのかは不明でした。

はっきりと位置が読み解けなかったバスルームは、キッチンの裏にあるようです。アリーが誕生日に鏡で自分の外見をチェックするシーンはおなじみでした。

① 広々としたリビング・ダイニング。対面式のキッチンはカウンターとして使えるタイプ。

このドラマを観てルームシェアに憧れた人も多いのでは。
（探偵）

家庭的な雰囲気の部屋ですね。

イ：初めて観たとき、ピンクの壁に驚いたのを覚えてます！そういえば、舞台となるボストンの町並みも古い建物が多くて、アリーの家も古い家をハンドメイドでリフォームした、という感じですね。

探：対面式の大きなキッチンがある広々したリビング・ダイニングでは、事務所の同僚を呼んでパーティーをしたり、レネと暖炉の前に座って恋の話をしたり、書類を広げて最終弁論を練っていたりと、一つの部屋で使い方はいろいろ。用途によって家具を移動させているようです。

イ：来客の際やクリスマスなどのイベントに合わせて、模様替えしていますよね。今回改めてじっくり観察してみて、家具の配置でこんなに変わるんだ、と思いました。

ピンクと紫が印象的な広い寝室

探：次は2人の個室へ。主人公アリーとレネは性格が正反対なこともあって、それぞれの部屋の雰囲気も違うのが面白いところです。運命の相手を探し続ける夢見がちなアリーの部屋は、ピンクの壁に、家具も女の子らしいものを選んでいます。いっぽうセクシーなレネは、壁はパープル、家具はアンティーク調の大人っぽい部屋。

イ：アリーの部屋は、白いアイアンのベッドやカバーともに、ローラ・アシュレイ風、それにカントリーを加えたようなテイストですね。

探：ルームシェアしているとはいえ、プライベートな空間は自分の好きなようにして楽しんでいるよう。

イ：久しぶりにこのドラマを観ましたが、改めていろんな発見がありました！

ベッドカバーやクッションなどのファブリックも壁の色と合わせて。

対面式の大きなキッチン。

2人の個室はそれぞれの性格に合ったインテリア。

（探偵）

② アリーの部屋はピンクの壁に白いベッド。両開きのドアの向こうはリビングです。

③ レネの部屋は紫の壁紙に落ち着いた色の家具。アリーとレネ、どちらの部屋も小さな棚と机、ベッドのみ。

04 スペイン風の広々キッチンの家［CHUCK／チャック］

探偵（以下・探）：今回は、家電量販店で働くオタク青年チャックが、平凡な生活から一変、美人CIAエージェントのサラと一緒にスパイ活動をするというコメディドラマ『CHUCK／チャック』です。

イエ子（以下・イ）：その秘密を知らない家族や友だちの集まる、チャックの家を読み解いていきましょう。

探：チャックは姉と二人暮らし。それにしては広いリビングダイニングに、2つのベッドルームがある立派な家なんです。

イ：ファミリータイプが住めるアパートみたいなものでしょうか。ロサンゼルスの気候によく似合うデザインの家ですね。

探：中庭には花形をした噴水があったり、キッチンは一面柄の入ったタイル張りだったり、スペイン風のテイストが特徴です。さっそく、各部屋を見ていきましょう。

LDKの大空間を使いこなす

探：リビング・ダイニングは、とっても広々！ 大きなテレビの前にはふかふかのソファに、本がぎっしり詰まった本棚、絵画もたくさん飾ら

ストーリー紹介

[CHUCK/チャック]

スタンフォード大学の優秀な学生だったチャック。ある日、国家機密データを脳内にインストールされたことをきっかけに、CIAとNSAのエージェントと共にスパイ活動をするはめに！？ CIAエージェントのサラを恋人役にして、家族・親友、まわりのみんなを偽りながら国家の敵に立ち向かうという、コメディでありながらも、ハラハラどきどきのストーリーです。

[間取りとインテリア]

ドラマではあまりよく映りませんが、
リビングのテレビの横にはスペイン
タイルのレトロな暖炉があります。

玄関

向かって右奥に玄関。廊下にはニッチの本棚があります。

2人が住むアパートの外観

ロサンゼルスの気候によく似合うデザインの家ですね。
（イエ子）

れていて、家庭的な印象のお部屋です。

イ：廊下やキッチンなどの間口、テレビの後ろの壁が半円のアーチ型で、スペインの回廊風というか……？

探：そうなんです。それをより際立たせるのが、部屋のあちこちに使われている鮮やかなカラー。カーテンやソファの赤、そこにグリーンのキャビネットや本棚のコントラストがスペインを感じさせます。

　また、ぜひじっくり見て欲しいのが、姉エリーが料理の腕を振るうキッチン。スペインのタイルを一面に張ったコの字型の壁に、明るいミントグリーンのキャビネットがキュート！

大人なオタクの部屋

探：次は、チャックの部屋へ。ご想像の通り、テレビゲームにパソコン、壁にはアニメのポスターがたくさん貼ってあります。

イ：でも落ち着いたテイストですね。木の家具や窓枠などもいい感じです。

探：よく見るとチャックの部屋にもスペインタイル張りの暖炉がありますよ。そして、この部屋をたびたび訪れるのが親友のモーガン！　一階ということもあって、いつもチャックの部屋の窓からのそっと入ってきますね（笑）。

イ：ああ、私の大好きなキャラクター、モーガン（笑）。外からあんな簡単に入れるなんて。噴水のある中庭と家との境界がないのが開放的です。

探：この家のインテリアのポイントは、スペイン風の「色」と「柄」です。少量でも取り入ると、簡単に似た雰囲気になりますよ。カーテンやソファなどは難しいと思うので、クッションカバーなど分量の小さいものにするのがお勧めです。

職場である電気量販店「バイモア」の仲間も集まるリビング・ダイニング。

② 開口部はみな半円のアーチ型になっています。

① 赤が基調のインテリアのリビング。窓を開けると中庭に。

赤とグリーンのコントラストがスペインを感じさせます。（探偵）

③ きれいなカラーとスペイン風タイルで明るい印象のキッチン。

④ 趣味のものに囲まれたチャックの部屋。

廊下の先に姉の部屋。キッチンに扉がないので広々と見えます。

05

おしゃれな男の隠れ家

[ホワイトカラー]

イエ子（以下・イ）：今回は、「超絶」イケメン（番組宣伝の謳い文句です）俳優が主役の『ホワイトカラー』ですね。

探偵（以下・探）：はい！ 超イケメンで天才詐欺師の主人公ニールが、FBI捜査官ピーターとコンビを組んで知的犯罪に挑んでいくクライム・サスペンスです。

イ：女性からのリクエストが非常に多かったんです。ニールの部屋がとってもおしゃれで、家具やインテリアが素敵、と。

探：確かにアンティーク調の家具や美術品に囲まれた、贅沢な住まいです。

イ：まさに男の隠れ家ですね。

探：脱獄したニールが住むことになったのは、偶然出会った裕福な未亡人が住む豪邸のゲストルーム。天井は一面天窓で、日差しがさんさんと降り注ぐリビング・ダイニング、そしてニューヨークの景色が一望できる豪華なテラスまで。

一面の天窓で 最上階を生かした間取り

探：リビング・ダイニングの一番の

ストーリー紹介

[ホワイトカラー]

FBIに捜査協力することを交換条件に刑務所から釈放された天才詐欺師のニール。その知識と頭脳を活かし、NYの知的犯罪（ホワイトカラークライム）を解決していく、スタイリッシュなクライムサスペンス。美術品の盗難や偽造、証券詐欺など、知的犯罪の手口や内幕が垣間見られるのはこのドラマならでは。144ページでは、相棒となるFBI捜査官ピーターの家も取り上げていますので併せてチェックしてみてください。

[間取りとインテリア]

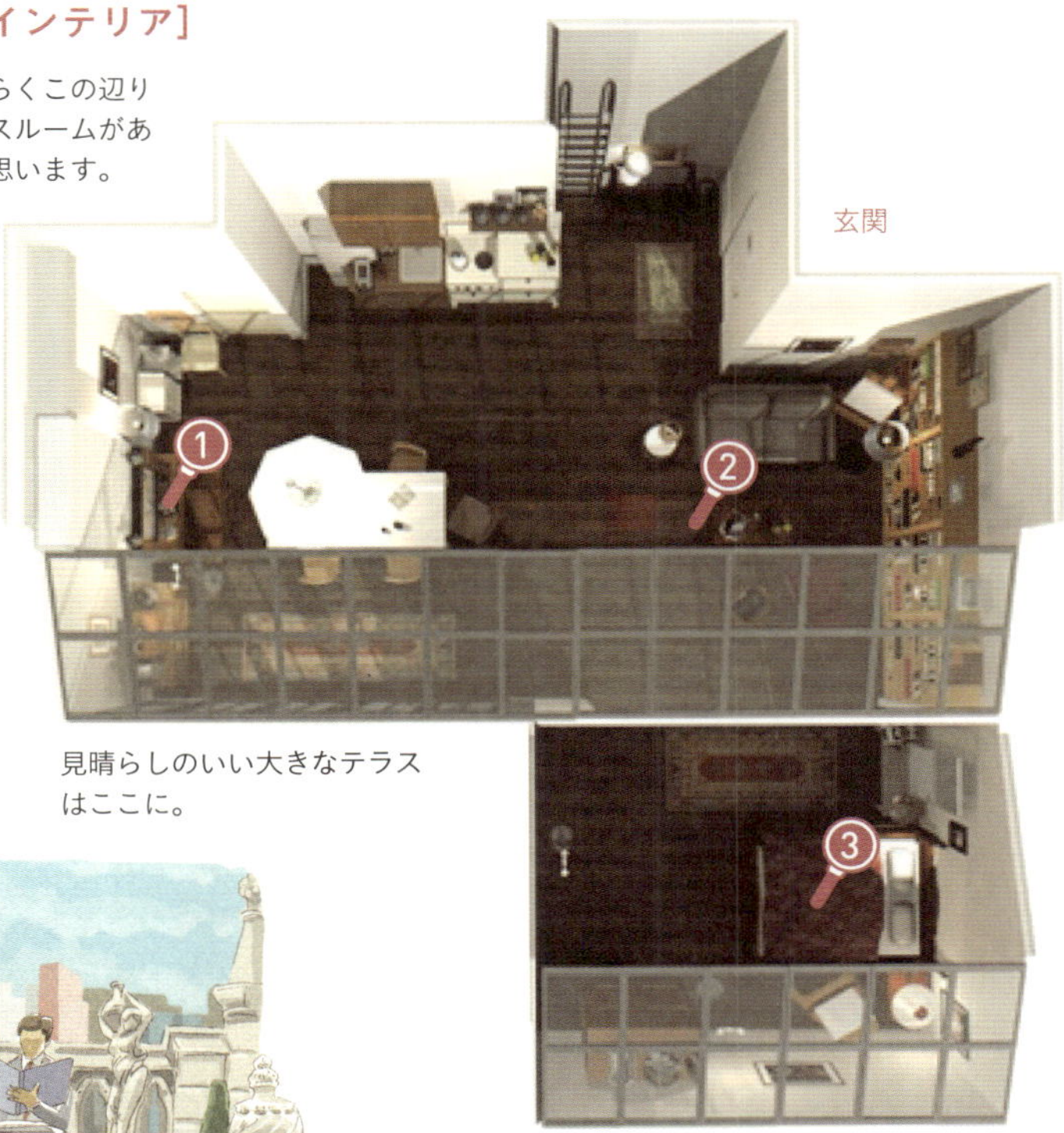
おそらくこの辺り
にバスルームがあ
ると思います。
ビルの最上階の、
仕切りのないワンルーム。

重厚な石像が並ぶ、ヨーロッパ風の
広いテラス。

アンティーク調の
家具や美術品に
囲まれた、
贅沢な住まい。
（探偵）

① 中央にダイニングテーブル。アンティークの
暖炉が部屋のイメージづくりに活躍。

特徴は、高さがある勾配天井の天窓。

イ：陸屋根に勾配をつけてるんですね。この勾配と格子、梁がアンティーク感を強調してますね。やっぱり天窓はいいなぁ。

探：ダイニングの前には広いテラスもあって、外と内がつながっているよう。天窓とテラスのガラスのおかげで、実際よりも広々として見えます。

イ：ドラマではテラス前のダイニングのシーンが多いですね。こうして真上からの間取り図で全体を見ると、意外と広い。この図面で約25畳なんですよね？

探：そうなんです。リビング部分には壁一面に本棚とソファ、ダイニング部分にはテーブルとイス、暖炉などを配置して、仕切りのない空間をうまく使い分けています。

洗練された男性の寝室

探：ベッドルームも、やはり落ち着いたアンティークの家具でそろえています。

イ：ダイニングの暖炉と同じテイストの、ゴージャスなベッドがあるんですよね。

探：大きなベッドにワードローブ、ベッドの横にミラーがどっしりかかっていて、おしゃれなニールはいつもここで身支度をしています。

イ：そうそう！ インテリアとは関係ありませんが、ニールのスタイリッシュなことといったら……。ファッションにも力の入ったドラマですよね。

探：そうですね。インテリアも、間接照明やお花、美術品などディテールまで美意識が行き届いているので、細かいところもぜひ注目してみてください。

友人のモジーと作戦会議をしたり、裏の情報をこっそり入手したり。ニールはここをアジトのように使用しています。

扉がないからか、家具も少なくシンプルな印象。

アンティーク風のコンロは、まるで家具のよう。シンクも木製の家具に組み込まれています。

この勾配と格子、
梁がアンティーク感を
強調してますね。
（イエ子）

鏡をこんな風にあしらったら、素敵な鏡台に。ゴージャスな寝室にピッタリ。

大きなベッドと鏡が置かれたベッドルーム。

06

シンメトリーに整ったインテリア

［名探偵モンク］

探偵（以下・探）：海外ドラマでも日本のドラマでも、頭の切れる刑事や探偵役は、たいてい個性的なキャラクターですよね。それがドラマの大きな魅力だったりするのですが、今回ご紹介する『名探偵モンク』もその一人。いや、誰よりも強烈な個性の持ち主かもしれません。

イエ子（以下・イ）：サンフランシスコが舞台の推理ドラマ。こちらもリクエストをたくさんいただきました。

探：妻が何者かに殺害されたことがきっかけで、極度の潔癖症になってしまった元刑事のエイドリアン・モンクが主人公。部屋はもちろん、ゴミ一つ落ちていません！

イ：その潔癖具合が極端で面白いんです。一人暮らしなのに、料理、食事、仕事、寝る、ときちんと部屋を分けて行うモンクの、四角四面な間取りを解説してください。

リビングと事務仕事の兼用スペース

探：リビングはちょっと変わった形をしています。ここのデスクで事件の資料を読んだり考えごとをしたり。

イ：仕事、本を読む、滅多にないけ

ストーリー紹介

［名探偵モンク］

元サンフランシスコ市警の刑事で犯罪コンサルタントのモンク。38個もの強迫症を抱えたモンクが、卓越した観察力や洞察力で犯罪事件を解決していく推理ドラマです。潔癖すぎるモンクのおかしな行動と、彼を支える周りの人々とのユーモラスなやりとりが魅力です。ミステリとしての完成度と個性的なキャラクターの両方が楽しめる名作。

[間取りとインテリア]

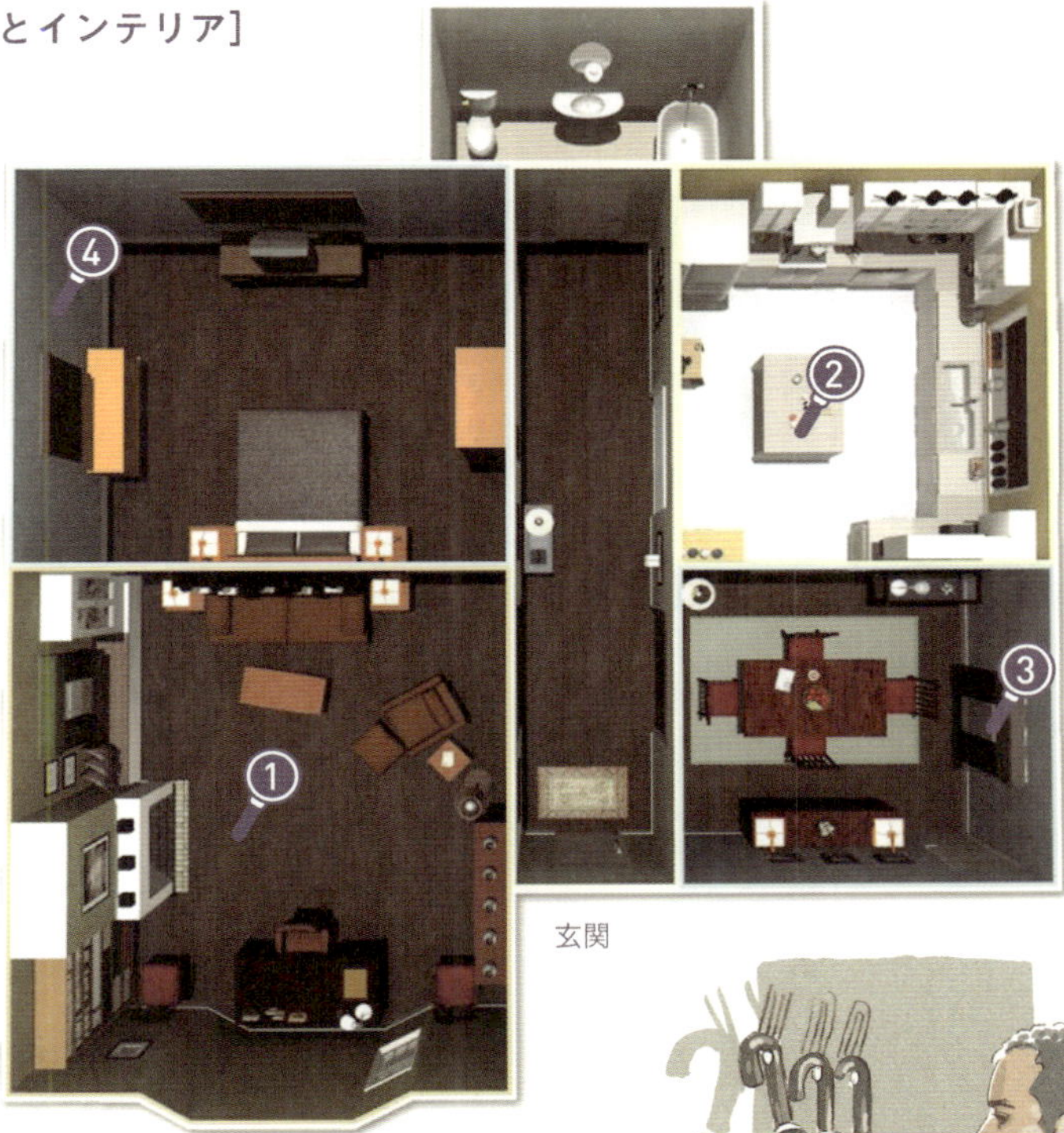

ダイニング、キッチンの間の開口部には扉がなく、ぐるりと周遊できる間取り。

玄関の横には、同じ傘が3つ。予備に同じ物を買い揃えてきちんと並べるのがモンク流。

廊下からリビングと書斎を見たところ。手前がリビング使いで、奥に資料用の本棚を配置。

家具は茶系のクラシックなもので統一されています。（探偵）

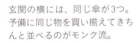

れどテレビを観る……は、この部屋ですね。

探：家具は茶系のクラシックなもので統一されていて、無駄なものが一切ないのかと思いきや、絵画や奥さんの写真、花瓶などの小物をたくさん飾っています。

イ：そうそう。意外ですが。

探：ただ、左右対称じゃないと気が済まないモンクなので、同じものを複数並べているのがポイント。

イ：これはいいアイデアですね。ひとつずつ違うものを飾るより、3つ以上そろっているとフォーマルに見せる効果があるなと思いました。

食料品ストックが詰まったキッチン

探：モンクは、ストックしている食材や調理器具を、信じられないほどきれいに整理整頓して食器棚に収めています。細かいものが多いキッチンですが、モンクの収納を参考にするのもいいかもしれないですね。

イ：私が見習いたいのは冷蔵庫です！買ってきた物はすべてタッパー容器に詰め替えて並べ、リストをつくる……。

探：ダイニングもやはり、クラシックな家具で統一されていているんですが、リビングと壁の色が違うので、印象が違って見えますね。

イ：どれも主張しすぎない、絶妙な色ですね。

探：シンプルな部屋に憧れる人は多いですが、あまりにもすっきりしすぎると殺風景になってしまうことも。整理収納や壁の色、空間の使い方、適度なディスプレイなど、モンクの家は参考になるところがたくさんあると思います。

① 奥の書斎スペースには書類がぎっしり。リビングの小物は左右対称にディスプレイされています。

事務処理をするデスクまわりも、もちろんきれいに整理されています。

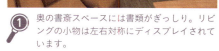

アイランドキッチンで毎食自分で料理するモンク。

それぞれの壁の色で、各部屋のイメージを変えています。（探偵）

② 広々としたキッチンは、機能的で清潔なイメージ。

④ 寝室はシンプルにベッド、チェスト、箪笥、サイドテーブルのみ。

③ クラシックな家具で統一されたダイニング。

07

NYのモダンアートな家

[ゴシップガール]

探偵（以下・探）：こちらも、リクエストがとっても多かった大人気海外ドラマ『ゴシップガール』です。ニューヨークの最もリッチな地区、アッパー・イースト・サイドに住む高校生たちの、大人顔負けの恋愛模様を描いたドラマです。

イエ子（以下・イ）：なんともゴージャスなセレブライフが刺激的！

探：当然ながら、住んでいるところもゴージャスです。舞台がニューヨークなので、『デスパレートな妻たち』のように戸建てがどん！ではなく、スタイリッシュな内装の高級マンション。

イ：庶民的なところがひとつもないですね！

探：さて、それでは主人公セリーナの家の間取りをみていきましょう。

スタイリッシュな大空間

探：入口から入ってすぐに、マンションとは思えない吹き抜けのある広々したリビング。モダンでシンプルながらも、存在感のある家具や赤をアクセントにした壁が個性的です。

イ：入り口近くのPRADAの看板や、ところどころに飾ってあるアー

ストーリー紹介

[ゴシップガール]

ニューヨークの名門高校に通う高校生たちの私生活を描いた同名の人気小説が原作。高校から大学までシーズンが続いてますが、高校時代のそれぞれの家はゴージャスの一言！ 豪華なホテルのようなインテリアがたくさん登場します。ライフスタイル、ファッション、インテリアなどストーリー以外の要素も見どころ満載。

[間取りとインテリア]

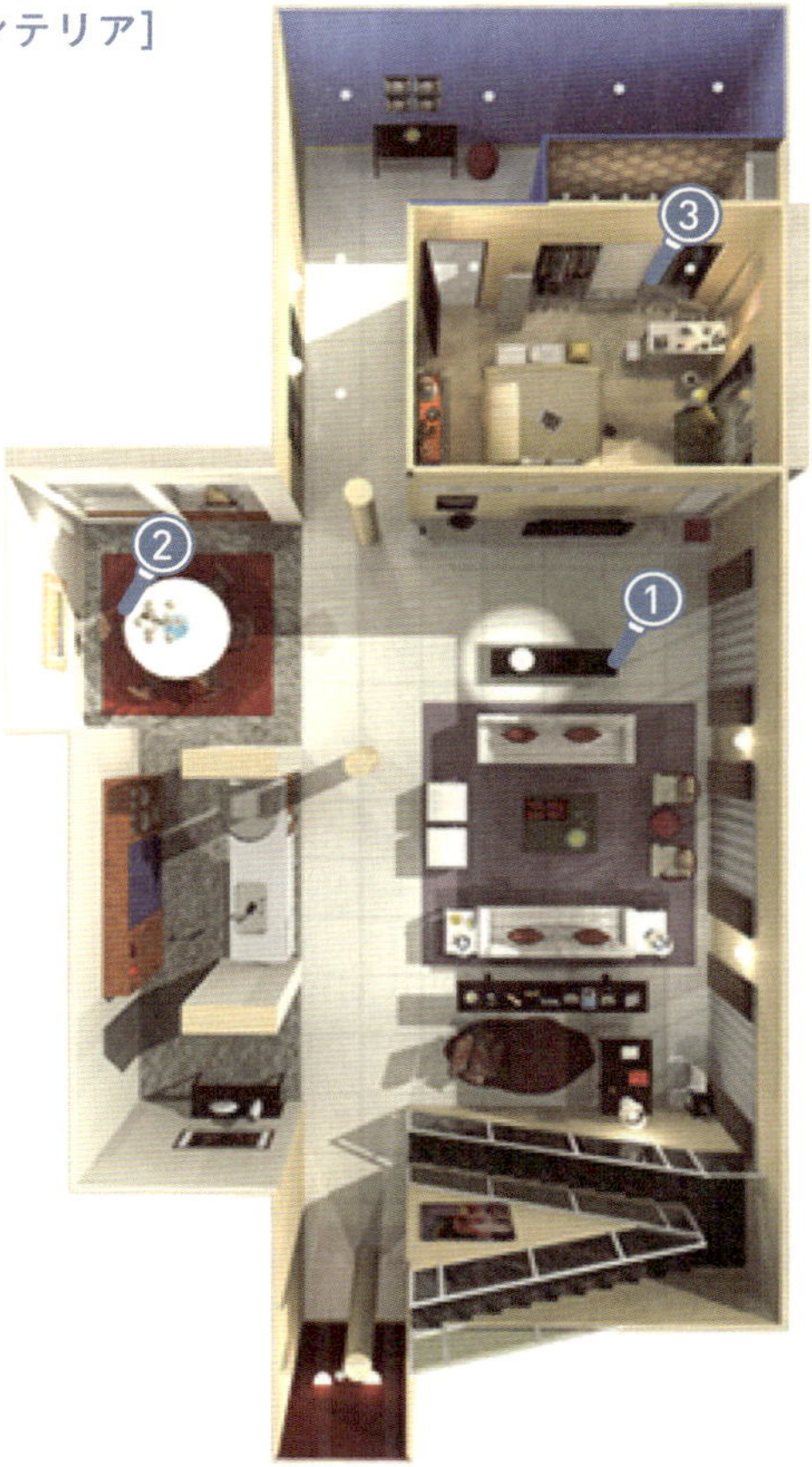

玄関

玄関を入るとすぐに、マンションとは思えない吹き抜けのある広いリビングが広がります。

1 人が集まって床に座ってくつろぐときに、ちょうどいいローテーブルがリビングの中央に。

クッション風のヘッドボード、たくさんのクッションに埋もれる姿はまさにセレブ……。

トや写真もスタイリッシュ。

探：面白いのは、オリエンタルなテイストもちょっと混じっているところ。ソファの上の真っ赤なクッションとか、ダイニングには仏像までありますね。

イ：いかにもお金持ちの趣味！　でも、空間を空けて家具を置いているところや、壁やソファなど面積の大きなものはシンプルだから、いやらしくないというか。

キラキラ女子の部屋

探：さて、セリーナの寝屋は、ゴールドとシルバーを取り入れた品のあるテイスト。

イ：セリーナの部屋と言えば……ベッドのヘッドボード！

探：ゴールドの水玉模様！

イ：クッションが入っていて、もたれたら気持ちよさそうだなと思ってました。

探：置いてある家具自体はシンプルなんですが、遊び心のある小物や、高校生らしく、ゴールドやシルバーのキラキラしたクッションなどを小物に加えているのもポイントです。

イ：個性的なものが並んだ、インテリアショップのような家ですね。

探：セレブの部屋はそうそう真似できないかもしれませんが、無難にまとめすぎないところは参考になるかも。

　セリーナのようにアクセントとなる色を入れてみたり、インパクトのあるアートを飾ってみたり。同じ色や素材でまとめると確かに統一感が出るんですが、どこか思い切ってはずしてみるのも楽しいですよ。

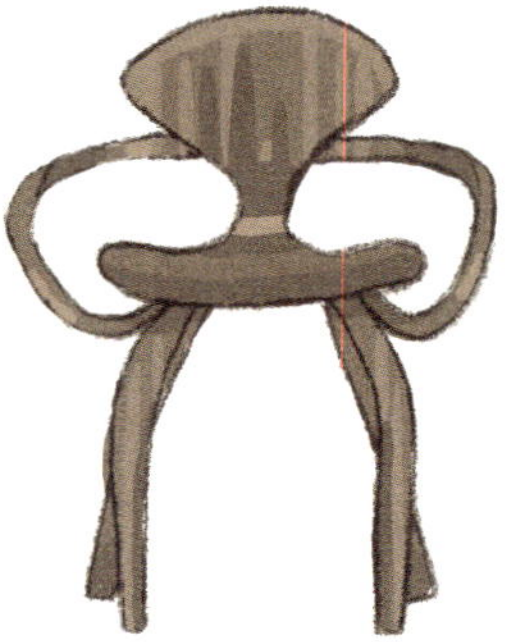

ダイニングには、アームの形状が楽しい「チャーナーアームチェア」。

2 ダイニングは、リビングから離れた部屋の隅に。

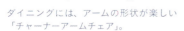

すりガラスの引き戸付きのクローゼットにはぎっしり服と靴が。ベッド以外の家具は小さ目で、「個室」というより「寝室」と呼ぶのがぴったり。

ジョークの入った『PRADA』の看板を玄関に飾って。

3
ポスター、クッション風のボード、天井高のファブリックボードなどでシックかつモダンな雰囲気に。

リビング部分は吹き抜け。天井の下の部分にはキッチンとダイニングがあります。

08

住み心地満点のワンルーム

[セックス・アンド・ザ・シティ]

探偵（以下・探）：今回は女性に絶大な人気を誇るドラマ『セックス・アンド・ザ・シティ』から、オシャレ番長キャリーの部屋です。主人公たちのファッションやインテリアも、このドラマの魅力のひとつでしたね。

イエ子（以下・イ）：ほんとに「番長」ですね。キャリーはおしゃれにも冒険心があって、なんでも直球勝負。

探：キャリーのような部屋にしたい！というお客さまもたくさんいらっしゃるんですよ。

イ：私も憧れていました！リアリティのあるサイズの間取りで、家じゅうがワードローブみたいな部屋。その隙間でパソコンを抱えてコラムを書く……なんて。

探：今回、詳しく偵察したので、真似してみたいという方はぜひ参考にしてみてください。

回遊できる間取り

探：コラムニストという仕事柄、部屋で執筆することの多いキャリー。デート相手が部屋に迎えに来たり、親友たちが遊びに来たりと、自宅のシーンがたくさん出てきましたね。

イ：アパート（建物）の玄関の階段

ストーリー紹介

[セックス・アンド・ザ・シティ]

新聞に恋愛コラムを書く主人公が、ネタ探しに友人や巷の恋愛事情を分析。30代～40代の等身大（？）の独身女性の本音やライフスタイルを描いたラブコメディとして一世を風靡しました。数々の賞を受賞し、04年に放送終了後、既に2本の映画化、現在3本目製作の噂もあり。ちなみに、今回の間取りは、最終シーズン6から読み解いています。

［間取りとインテリア］

玄関を入ってまっすぐ先にリビング→寝室→ウォークスルークロゼット→バスルーム→玄関、と1周できる間取りです。

リビングと寝室の仕切りは梁だけのオープンスペース。レースのカーテンが吊してあります。

趣のある古いアパート。この玄関扉から飛び出すキャリーのファッションがこのドラマの楽しみのひとつ。

1 玄関入ってすぐから右手を見ると、バスルームとキッチンが見えます。

家じゅうがワードローブみたいな部屋、憧れでした。
（イエ子）

前のシーンも多いですよね。実際に撮影に使われた建物を、記念撮影のために訪れる人も多いそうですよ。

探：場所は、ニューヨークの高級住宅街アッパー・イースト・サイド。『ゴシップガール』と同じ地区ですね。間取りは広めのワンベッドルーム。

キャリーの家はとても面白い間取りです。キッチンの周りに各部屋が配置されているのですが、クローゼットとバスルームが両側から入れるようになっているので、家を一方向にぐるりと歩いて回れます。バスルームから直接玄関に行くシーンなどを見ると、急いでいる時はとても便利そう。

イ：でも、そのおかげで間取りを把握するのに苦労しました。あれ？今どこから出てきた？と何度も混乱しました……。

ライフスタイルとマッチしたリビング

探：お気に入りのものに囲まれて、自分のライフスタイルに合った暮らしを満喫している様子は羨ましいですね。そこが、世界じゅうの女性が憧れる点なのかもしれません。

イ：一人暮らしならではのおしゃれさですね。ごちゃっとしているけれど、生活感の出るような物は少ない。

探：仕事をする場でもあるので、スペースの使い方も面白いです。執筆は主に、リビングの窓際に置いてあるデスクで行っているようですが、リビングのチェアや、時にはベッドに寝転びながらということも。

大容量のウォークスルークロゼット

探：キャリーといえば、洋服と靴！どこかの回で、400ドルの靴が

仲良し4人が集まるキャリーの部屋のリビング。もちろん料理をする……なんてことはなく、海外ドラマでよく見る中華のテイクアウト。

リビングから玄関を見たところ。
壁沿いにたっぷり本棚を配置。

②
リビングのインテリアは古い内装に合わせてレトロな家具で統一されていて、ちょっとビンテージ風。

仕事、読書、おしゃべり、なんでもできる大きなベッド。

お気に入りのものに囲まれて、自分のライフスタイルに合った暮らし。（探偵）

100足クローゼットに入っている、つまり4万ドルを靴につぎこんだ私はバカだ、というようなセリフがありませんでしたっけ。

イ：ありました、ありました！ 365日、毎日違う靴が履けるんですね。

探：この大量の服と靴をしまうことができるクローゼットは、通路を挟んで両脇に棚があるシンプルな形なのですが、これがとっても使いやすそう。

イ：そうそう、とても印象的なスペースです。

探：下に洋服、上の棚に大量の靴がしまってありますが、こんなクローゼットがあれば洋服を選ぶのも楽しいでしょうね。

ダイニングはいらない!?

探：キャリーの部屋のもうひとつ面白いところは、ダイニングセットがないことです。ドラマを観ている方ならお分かりと思いますが、キャリーは自宅で一切料理をしません。だからダイニングセットは必要ないんです。

部屋（家）に置く家具というのはだいたい決まっていますが、キャリーのように自分のライフスタイルに合わせれば、別に全部そろえなくたっていいんです。常識にとらわれず、自分のライフスタイルに合わせて部屋づくりをしていけば、居心地のいい空間になりますよ。

イ：服もインテリアも、自分自身が楽しむための「オンリーワン」ですからね。わが家も人目を気にしないという、ある意味オンリーワンな感じではありますが、キャリーのように友達を呼べるようがんばります……。

左側のデスクが書斎机。窓の外を眺めながらコラムを書く……。本や雑誌があちこちに。

ベッドに寝そべったらこんな感じ？ 寝室からリビングを見たところ。リビングとの仕切りがないので、訪れた友達も行き来は自由気ままに。

このキャリーのクローゼットに憧れた人も多いはず。天井までの空間を有効活用しています。

両方向から入れるクローゼット。こちらはバスルーム側から見たところ。

09

洗練されたインテリアの豪華アパート

[グッド・ワイフ　彼女の評決]

探偵（以下・探）：今回間取りを偵察したのは、『グッド・ワイフ』です。『アリー・my Love』と同じく、海外ドラマではおなじみの法廷もの。主人公は、州検事の夫と二人の子供を持つ弁護士のアリシアです。彼女が住んでいる、とても素敵なマンションを偵察しました。

イエ子（以下・イ）：アリシアの住まい、とても気になっていました。ぜひ全貌を知りたいです。

家の中心にリビング

探：まずは間取りから見ていきましょう。これまた、他のドラマに負けないぐらい広い間取りですね。それでも、「以前の家より狭くて……」なんて会話がありましたが。

イ：夫と別居してこのマンションに越す前は、それは豪勢な一戸建てに住んでいましたからね。

探：玄関を入って真っ直ぐ行くとキッチン、隣にダイニングがあり、その並びにリビングがあります。間取りの中心にリビングやダイニングなど家族が集まるスペースがあり、右側に子供たちやアリシア、それぞれの部屋が配置されています。

ストーリー紹介

[グッドワイフ]

州検事の夫（ピーター）が収賄罪で逮捕され、13年ぶりに弁護士として復帰するアリシア。「良き妻」であった彼女が、夫のスキャンダルや難事件、事務所倒産の危機など、さまざまトラブルを乗り越えていく姿が共感を呼ぶドラマです。アリシアを演じるジュリアナ・マルグリーズは、2010年ゴールデン・グローブ女優賞を受賞。製作総指揮はリドリー・スコット＆トニー・スコット。マイケル・J・フォックスなどの超豪華ゲスト俳優も見どころです。

[間取りとインテリア]

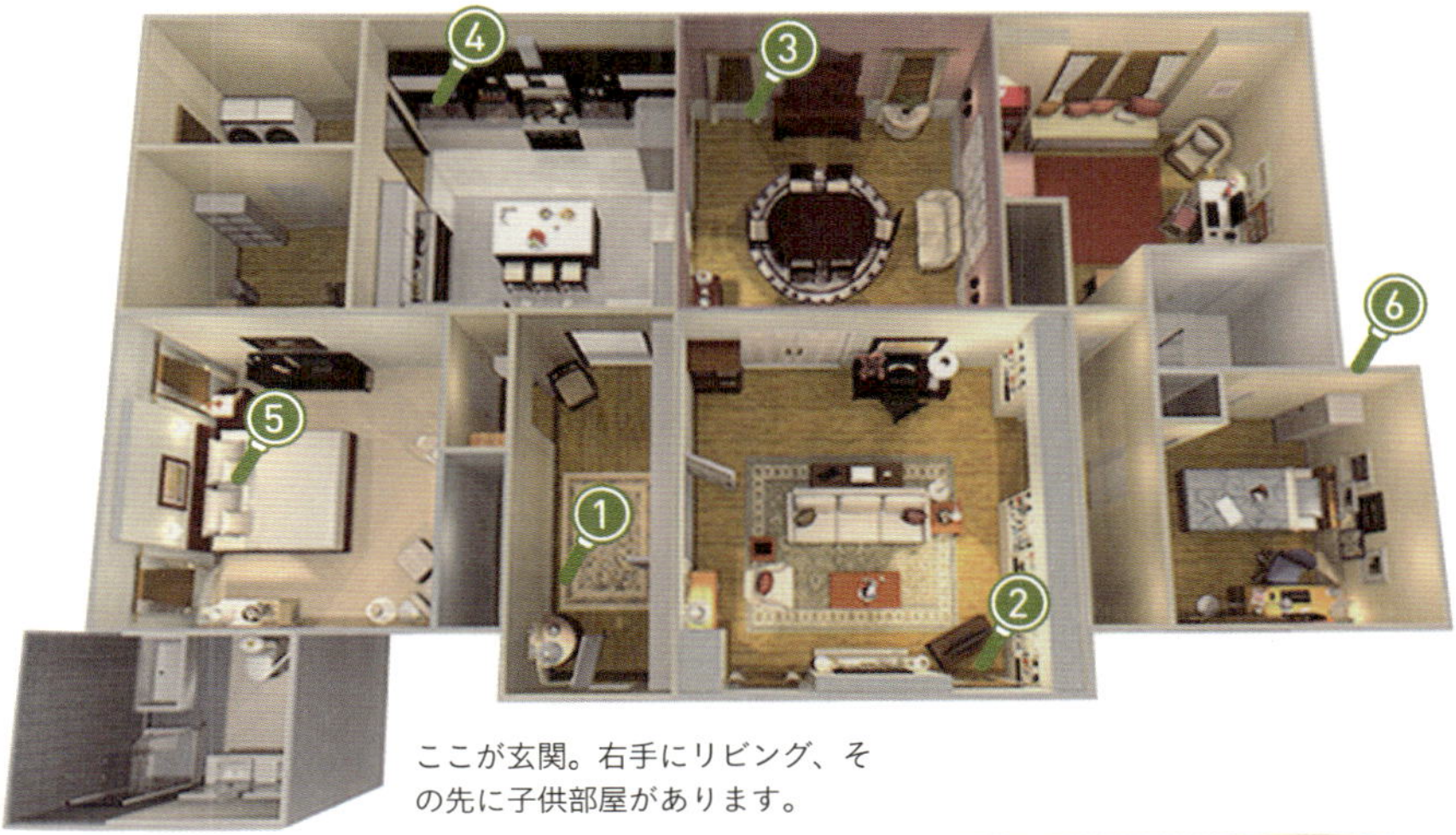

ここが玄関。右手にリビング、その先に子供部屋があります。

寝室につながったバスルームは、2つの洗面台が並ぶおしゃれな空間。

1 玄関ホール。正面がキッチンで、右手にリビング。リビング側の壁はぎっしり本が詰まった壁面棚。

寝室の隣に
バスルームというのは
アメリカならではの
間取りですね。
（探偵）

イ：日本でもリビング階段が人気ですが、リビングを通らないと子供部屋に行けないというのは、家族のコミュニケーションを取るのにもいいですね。

探：アメリカならではの間取りが、アリシアの寝室の隣にバスルームがあること。子供たちもバスルームを使うたびに親のベッドルームを通り抜けないといけないの？と思ってしまいますが、これが違うんです。子供たちにも、専用のバスルームがちゃんとあるんです。2つの子供部屋に挟まれているんですが、どちらの部屋からも入れるようにドアが両側についていました。

イ：あ、むかし見た『ビバリーヒルズ青春白書』の2階の双子（主役）の部屋もそうでした！

探：間取りから海外の生活が見えてくるのも面白いですよね。

クラシックなイメージを演出する

探：インテリアの第一印象は、由緒正しい、良いご家庭のお住まい……という感じでしょうか。品のあるクラシックな家具や暖炉、壁一面の本棚にぎっしり詰まった本などを見ると、さすが州検事のおうちだなと。ブルーグレーの壁も、ぐっと洗練された印象を醸し出しています。

イ：落ち着いた良い色ですね。クラシックな家具が似合う色合い。

探：そして、ぜひ注目していただきたいのがインテリア小物です。部屋のあちこちにチェストやサイドテーブル、デスクなどがありますが、そこに上品なデスクランプなど、優雅で存在感のある小物がさりげなく置かれているんです。

イ：いかにもひとつずつ集めました……という雰囲気の椅子、チェスト、

本の詰まった壁面本棚。知的な雰囲気がプラスされています。

2 リビングは家族の集まるスペース。

3 広々としたダイニング。絵画の下にはソファが置かれています。

奥の両開き扉の向こうはダイニング。

ダイニングの壁は深いパープル。ガラッと印象が変わります。（探偵）

4 オープンシェルフの奥に窓があります。収納いっぱいの明るく広々としたキッチン。

ランプですね。それにしても、いくつランプがあるんでしょう……。天井にシーリングライトは付けないんですね。

壁の色で雰囲気を変えるダイニング

探：見逃せない点がもうひとつ。深いパープルの壁で、ガラッと印象が変わるダイニング。

イ：この色をインテリアの基調にするのは上級者ですね。この紫色、アリシアの雰囲気にもよく似合ってます。

探：隣のアイランドキッチンは、とても使い勝手がよさそう。壁側の作業スペースに窓がありますが、それを潰さないように収納スペースをオープンシェルフにしていますね。

ゆったりくつろげる寝室

探：次はキングサイズのベッドが置いてある、アリシアのベッドルーム。ミラー張りのドレッサーや、ころっとした一人掛けのパーソナルチェアなど、女性らしいコーディネートになっています。ブルーグレーの壁紙に、ベッドカバーやチェアもブルーで統一し、ベッドルームにぴったりな落ち着いた空間に。

個性に合わせた子供部屋

探：最後は子供部屋です。息子のザックと娘のグレースは、好きなポスターを壁いっぱいに貼って、それぞれ自分の好きなように部屋を飾っているようです。2人とも思春期なので、あまり子供っぽ過ぎない感じ。特にグレースは赤でコーディネートしていて、とっても可愛い。

イ：見どころいっぱいでしたね。間取りも面白いし、印象的な壁の色や、たくさんのものをバランスよく配置するインテリアが勉強になりました。

⑤ 寝室は玄関ホールにつながっています。クローゼットやバスルームが近い便利な間取り。

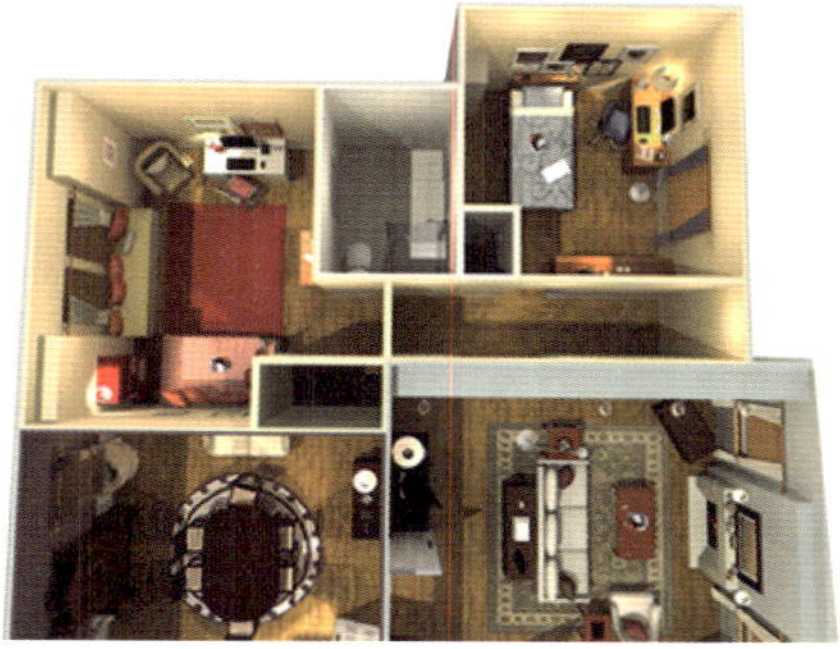

⑥ 子供たちの部屋にはどちらからも入れるバスルームが。

column ヤマサキタツヤのイラストコラム① ラブ・アクチュアリー

12月のロンドンを舞台に、19人の男女が織りなす愛の形を描いたオムニバス形式のハートウォーミング・ストーリー。ヒュー・グラントやキーラ・ナイトレイ、『SHERLOCK（シャーロック）』でブレイクしたマーティン・フリーマンなど、超豪華キャスト出演のクリスマス映画の名作です。

10 西海岸のリゾートスタイル［The OC］

探偵（以下・探）：今回は、南カルフォルニアが舞台のドラマ、『THE OC』です。

イエ子：セレブリティの暮らすオレンジ・カウンティの街と、主演の若手俳優たちが話題になったドラマですね。

探：主役のひとり、ライアンが住むコーエン家はプール付の大豪邸です。

イ：ドラマのオープニングに映る丘にも、豪邸ばかり建ち並んでますね！

海とプールを囲む間取り

探：さて、コーエン家はプールを囲むような間取りになっています。

イ：玄関前が、どこかのホテルのロビー？と思うぐらい広いです。

探：さらに、リビングとダイニングが2カ所あるんですが、どうやらフォーマル用、カジュアル用と使い分けているようですね。

オーシャンビューのフォーマル用リビング

探：玄関から入ると目に飛び込んで

ストーリー紹介

[The OC]

弁護士の家に引き取られた不良少年ライアン、その家の息子セス、隣に住むマリッサたちが繰り広げる青春ストーリーに、親たちのさまざまな人生模様が絡むドラマです。ライアンが住むのは、街の有力者の娘である養母の家。高級住宅が並ぶ街でもひときわ目立つ大きさとオーシャンビューを誇る豪邸の間取りをどうぞ♪

[間取りとインテリア]

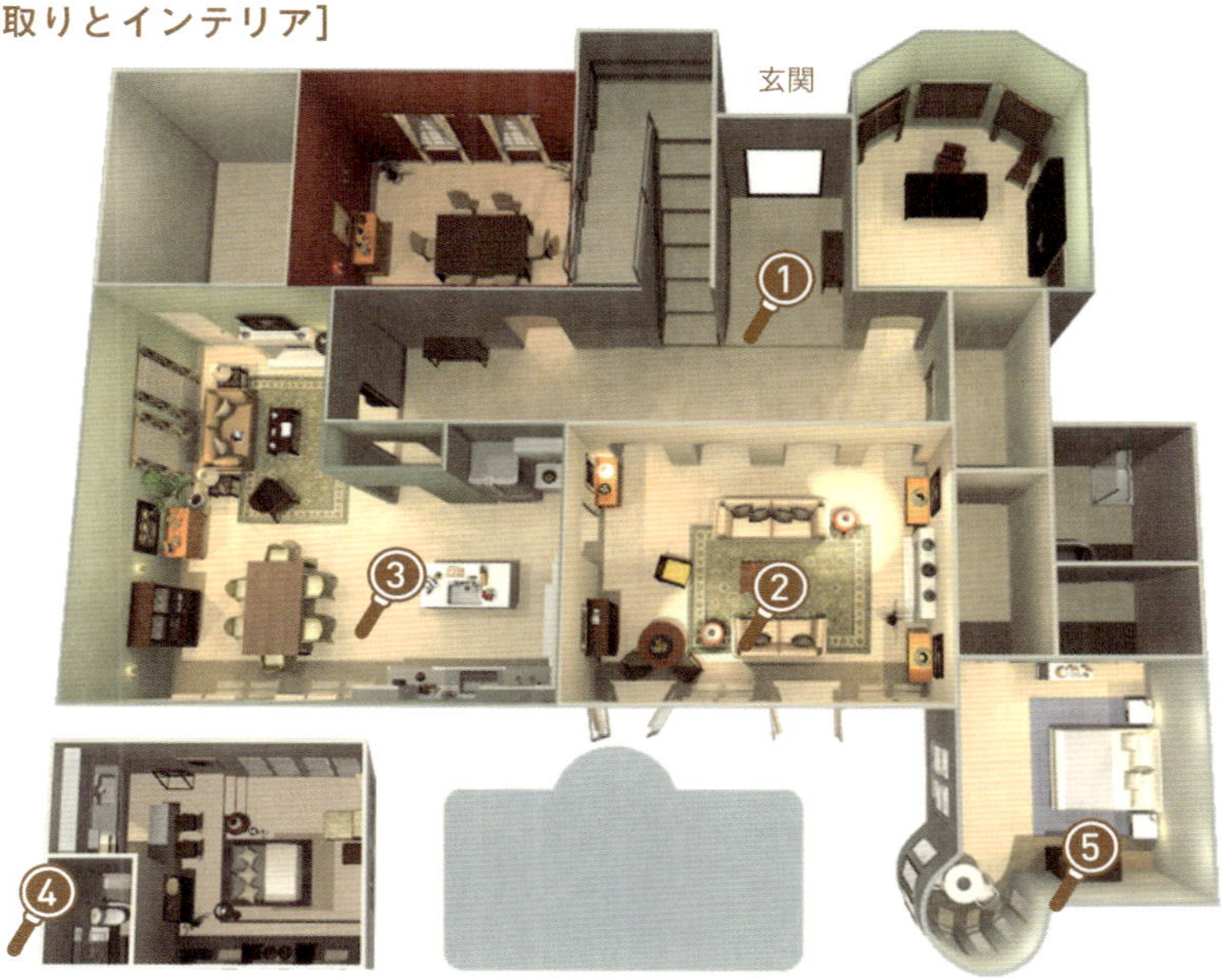

1階は、ほとんど扉で仕切られていません。光と風をいっぱいに感じられる間取りです。

オレンジ郡の高級住宅地、ニューポートビーチ。独特のオレンジ色の屋根と景観に映える白い外壁の家々。

右端の丸い壁の部分がコーエン夫婦の寝室。海が見渡せる庭では盛大なホームパーティが開かれることも。

ドラマを観ているだけで、リゾート気分が味わえます。
（探偵）

くるのが、天井が高い広いリビング。壁一面の窓からプールが見えます。こんな素敵なリビングでくつろいだら最高でしょうが、あまりそんな場面はなく、主にお客さまを迎えるスペースのようですね。

イ：私なら、ここで一日中ゴロゴロするのに……。

探：少し南国テイストな家具やたくさんの観葉植物が、南カリフォルニアという土地柄を感じさせます。

イ：日差しが似合うインテリアですね。丘の上に建っているので見晴らしも抜群。

壁の色で雰囲気を変えるダイニング

探：しかし、こんな立派なリビングがあるのに、住人はその左側にある家族用のリビングにいることが多いんですよね。

イ：あ、子供たちがゲームしていたのはこっちのリビング!? そういえば、プールハウスからキッチンに入って、そのまま進んでリビングでした！

探：ここのLDKだけグリーンの壁で、雰囲気をガラっと変えてます。

快適な「離れ」――プールハウス

探：先ほど話に出てきたプールハウスは、ライアンの部屋。ワンルームですが、目の前はプールで、キッチン、バスルームもついた贅沢なつくりです。

イ：絶景の「離れ」ですね。

探：部屋の真ん中には大きなベッドが置いてあり、その前は一面窓！

イ：寝室も含め、よく過ごす部屋は海側に面して配置されているわけですね。

それにしても、見事なオーシャンビューと南国風のインテリアを堪能できる家でした。できることなら、夏にゲストとしてお呼ばれしたい！

①玄関ホールの向こうに大きなフォーマル用リビングが。扉ではなくアーチ型の開口で開放的に。

②目の前にテラスとプールが続くフォーマルリビング。お客様用にいつもきれいに保たれています。

③ ダイニングとキッチンの間の掃き出し窓から、プールハウスに続いています。

南国テイストな
家具や観葉植物が
カリフォルニアを
感じさせます。
（探偵）

④ ライアンの部屋。涼しげな籐素材の家具がリゾート感たっぷり！

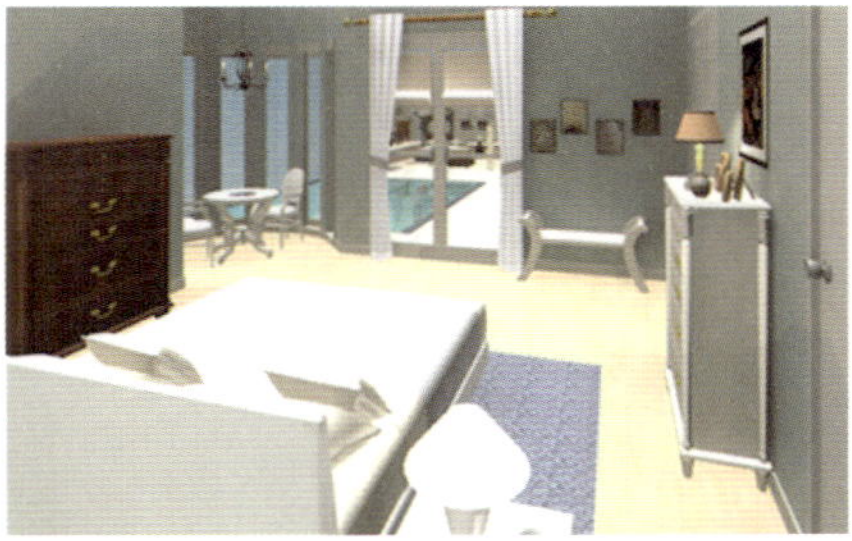

⑤ 円形のサンルームが素敵な寝室。見晴らしもテラスからのアクセスも最高の配置です。

11

お料理好きのカラフル・キッチン

[フレンズ]

探偵（以下・探）：今回は、日本でも地上波で放映されて大人気となったドラマ、『フレンズ』を偵察します。

イ：主役のモニカの、調理器具や雑貨があふれるダイニング・キッチンに憧れてました。

探：いつもモニカの部屋にワイワイ楽しく集まっているシーンが印象的でしたよね。当時は6人で暮らしているんだと勘違いしていたくらい（笑）。

イ：モニカはレストランのシェフなので、彼女の手料理目当てにみんな集まってくるんですね。

探：実際には、モニカはレイチェルとルームシェアをしています。とっても可愛い部屋なので、じっくり見ていきましょう。

ジャンクスタイルのLDK

探：キッチン、ダイニング、リビングに2ベッドルーム、それにベランダもある間取りです。

自分の部屋はちゃんとあって、キッチンやリビング、バスルームなどを共同で使うスタイルですね。

探：キッチンをはじめ、内装はとってもカラフル。

ストーリー紹介

[フレンズ]

モニカとその女友だち、兄のロスとその男友だちの６人が繰り広げるシチュエーション・コメディ。1994年から10年間続き、主演俳優たちは、またたく間に人気スターに。多くの有名人のゲスト出演も話題になりました。ドラマを観ながら、それぞれの家のインテリアはもちろん、ＮＹのアパート事情も楽しめます♪

[間取りとインテリア]

ベランダ付きの開口に、6人ですごすには十分な広さのリビング。みんなのたまり場に最適な間取りです。

調理器具や雑貨があふれるキッチン、憧れてました。（イエ子）

① 料理好きのモニカらしく、カウンターにはいつも調理道具が出ています。食料品も棚で「見せる収納」。

イ：そうそう、この珍しい色のキッチン！

探：ものが多くてごちゃごちゃっと見えるんですが、それも雑貨屋さんのようで楽しい。よ〜く見てみると、置いてある家具も、みんなバラバラです。ダイニングチェアも4つありますが、全部種類が違うものなんですよね。

イ：古いアパートに、住人たちが思い思いに手を入れたというイメージでしょうか。キッチンの棚やチェア、テーブルなども、自分たちで据え付けたり、色を塗ったりして手を加えた感じが素敵。

探：使い古された家具や、いろいろなテイストがミックスされた感じが、味のある部屋になっている理由かもしれませんね。

イ：物が多くて気取らないインテリア……。リアリティがありますね。

部屋ごとに変える壁の色

探：実は、モニカの個室はあまり出てきません。ほとんど、リビングか近所のカフェにみんな集まっていますからね。女性らしいベッドルームですが、寝るだけの部屋みたいですね。

イ：本当に寝るだけ（笑）。いつも誰かが来てますから。

探：壁の色は部屋ごとに変わっていて、リビングがパープル、キッチンがブルー、廊下がグリーン、寝室はピンク。そのカラフルな感じが、ミックスしたインテリアの雰囲気にマッチしています。

イ：そういえば、このドラマの影響を受けて手持ちの家具をグリーンと白のペンキで塗ったことがあります。まったく上手くいきませんでしたが、もう一度ドラマを観直して、再チャレンジしたいと思います！

お茶、食事、勉強、おしゃべり、なんでもこのダイニングテーブルで。

こちらの玄関から中へどうぞ……

3 モニカの個室。ピンクの壁にユニークなインテリア雑貨が飾られています。

部屋のあちこちに飾られた絵画がとても可愛いので、ぜひチェックしてみてください。

よ〜く見てみると、
置いてある家具も、
みんなバラバラです。
（探偵）

2 各ソファにはサイドテーブルが置かれています。テーブルもチェアーもそれぞれ違うデザインのものがたくさん。

出勤前や後に、いつも集まるカフェ「セントラルパーク」。モニカの部屋と同じく、物と人であふれる楽しいお店。

12

アンティークと間接照明で魅せる家

［ゴースト～天国からのささやき～］

探偵（以下・探）：今回は、死者の霊と対話できる不思議な能力を持った女性のドラマ、『ゴースト～天国からのささやき』を取り上げます。

イ：女性からのリクエストが多かったです。ストーリーもインテリアも、確かに女性に好まれそう。

探：主人公のメリンダは、アンティークショップのオーナーをしています。

イ：このショップがとても素敵なんです！ アンティーク雑貨がセンス良く飾られていて。

探：自宅の方も、やはりアンティーク調の家具がいっぱいの一軒家。

部屋全体は間接照明で、日本人の私たちにはちょっと暗く感じますが、落ち着いた雰囲気のお部屋にはぴったり。たまに霊が入り込んでくるんですが、暗いと怖さ倍増です。

イ：たまに、というかしょっちゅう……。また似合うんですよね、この家に。

上品な小物とアンティーク家具

探：玄関を入ると左手にすぐ広いリビングがあります。大きな出窓が印象的ですね。クラシックなソファの

ストーリー紹介

［ゴースト］

生まれつき霊が見える（話せる）能力を持つ女性が、この世にとどまる霊の思いを遺された人たちに届け、霊を天国へ導く……というヒューマンドラマ。ジェニファー・ラブ・ヒューイットが演じる主人公のメリンダは夫と郊外の小さな歴史ある街に住み、アンティークショップを経営。このお店のしつらえや周辺の街並み、メリンダのファッションも印象に残るドラマです。

[間取りとインテリア]

玄関ホールには階段とベンチ、階段下は物置になっています。ホールからぐるりと一周できる回遊式の動線です。

間接照明が
落ち着いた雰囲気の
お部屋にぴったり。
（探偵）

緑の多い郊外に建つ一軒家。玄関前にはテーブルが置かれたポーチがあります。

①
リビングではキャンドルをいっぱいに灯してくつろぐことも。

向かいには暖炉。リビングのあちこちに置かれたライトはどれもアンティーク調で趣味の良さを感じさせるんですが、さらに絵画やお花、インテリア小物などもさりげなくディスプレイされ、シックな空間をつくりあげています。

イ：ちょっとした小物が素敵なので、つい熱心に画面に見入ってしまいますね。

テーブル付きアイランドキッチン

探：ドラマでいちばんよく登場するのはキッチン。アイランドキッチンにT字のテーブルがついていて、そこで朝食をとったり、ちょっと夫婦でお茶したりしています。

イ：夫婦が一緒に買い物をして、キッチンで料理を始める……というシーンも多かったような。

探：仲良し夫婦なんですよね。目を引くのは、シンクの上にぶら下がっている、花の形をしたペンダントライト。これもアンティークっぽいですね。

落ち着ける中世風ベッドルーム

探：最後は、メリンダがよく悪夢にうなされてハッ！と飛び起きるベッドルーム。重厚なクラシックな家具に、アクセントでカーテンやベッドシーツなどに赤を使っています。ちょっと中世のようなイメージでしょうか。

イ：確かに、中世っぽい雰囲気。ベッドのファブリックもいいですね。

探：それから、ドレッサーも女性らしくて素敵なのでぜひ注目を。

イ：なお、ストーリー後半から登場する部屋については、秘密にしておきました。興味のある方はぜひ、ドラマをご覧になってみてください。

メリンダのショップ。画面に映る珍しいアンティーク雑貨にも注目！

アンティークの暖炉、たくさんのファブリックで温かみのあるインテリアに。

② アイランド型のキッチン。アイランドにはコンロ、壁付き部分にシンクを設置。収納たっぷりで使いやすそうです。

キッチンの花形のライト。アンティークショップの一点ものという雰囲気です。

絵画やお花、
小物などを
さりげなく
ディスプレイ。
（探偵）

ベッドの反対側には、化粧台と一人がけソファが置かれています。

③ 寝室にも出窓とベンチ。この部屋もファブリックに凝っています。

13

21世紀の名探偵の部屋
[SHERLOCK/シャーロック]

探偵（以下・探）：今回のドラマは、日本でも人気の名探偵シャーロック・ホームズを21世紀版に大胆にアレンジした、『SHERLOCK/シャーロック』を取り上げます。

もしあのシャーロック・ホームズが現代にいたら？　という設定で、スマートフォンやインターネットを駆使して難事件を解決するシャーロックの活躍が描かれます。世界中に大旋風を巻き起こしているドラマですね。

イエ子：はい！　大変お待たせいたしました。NHK-BSでの放送以来、たくさんリクエストをいただいていました。主演のベネディクト・カンバーバッチも、ワトソン役のマーティン・フリーマンも、今となってはこの二人以外に考えられないくらいのはまり役ですね。細かいところまで凝った、スタイリッシュな世界観にも引き込まれます。

探：期待を裏切らない、とっても斬新で面白いドラマです！

さて、シャーロックといえば、あの有名な住所。そうです、「ベイカー街221B」のアパートです。さっそく見ていきましょう。

ストーリー紹介

[SHERLOCK/シャーロック]

誰もが知っているコナン・ドイルの名作『シャーロック・ホームズ』を、舞台を現代イギリスに移して英国BBCが連続ドラマ化。携帯電話やパソコンを駆使して推理するホームズの姿と、斬新な視覚効果や映画並みのクオリティで、世界的な大ヒットに。今やハリウッド映画にも出演する大スターとなった主役のベネディクト・カンバーバッチと、ワトソン役マーティン・フリーマンとの名コンビぶりも人気の秘訣です。

[間取りとインテリア]

アパートの玄関から階段を上ると……入り口が2つあるシャーロックのフラット。

実在する隣のカフェ、SPEEDY'Sは毎日シャーロックファンで賑わっているそう。

柄の壁紙や暖炉など、
趣のある落ち着いた
雰囲気。
（探偵）

探：シャーロックと相棒のジョン・ワトソンは、大家さんのハドソン夫人から部屋を借りてルームシェアをしています。間取りは、2階のダイニングキッチンとリビングを2人で使っているようです。

イ：ベッドルームも見たかった……。シーズン1の時点では、どこにあるのか明確になっていませんでしたね。

新旧混合のインテリア

探：部屋全体の雰囲気は、私たちがオリジナルの小説からイメージするものとそれほど変わりません。いかにもイギリス、という感じの部屋になっていますね。

イ：これまで扱ってきたドラマとはずいぶん違いますね。なんだか柄が多いというか……日本で言うと昭和レトロ風……？。

探：使い込んだような味のあるインテリアは、19世紀ヴィクトリア朝のシャーロックの部屋そのままと言っていいくらい。柄の壁紙や暖炉などが、趣のある落ち着いた雰囲気。

ただ、個々の家具をよく見てみると、ソファが有名なコルビュジェのLC3だったり、照明はパントンのムーンランプやIKEAのものが使われていたりと、クラシックなようでいて、実は非常に現代風にアレンジされているんです。

イ：そんな遊び心があったんですね。それにしても、この有名なソファ、だいぶんくたびれた感じが出てますね（笑）。イギリス人は家でも家具でも古いほど価値があると考えるそうですが、歴史を感じさせるインテリアに新しいものを織り交ぜて重厚感を出すというのは、理想のスタイルなのかも。

個性的な小物が決め手

探：部屋のアクセントになっている

①シャーロックの部屋といえばこれ、というくらい印象的な壁紙。シャーロックが射撃の練習をしていたのもこの壁です。

ユニオンジャックのクッションがポイント。暖炉の上の頭骸骨にも注目。

赤いソファに座ってシャーロックと一緒に推理するワトソン。

クラシックなようでいて、
実は非常に
現代風にアレンジ
されているんです。
（探偵）

のが、インテリア小物です。ソファの上には、思わず欲しくなってしまうような、可愛いユニオンジャックのクッションが。

イ：ドラマが放映された当時、ロンドンオリンピックで盛り上がっていたので目が行きました。

探：シャーロックの趣味なのか、暖炉の上に頭骸骨があったり、壁にも動物（バイソン）の頭蓋骨が飾られたりもしています。実はこの暖炉の上の頭蓋骨にも名前が付いていたりとか、いろいろ細かい設定もあるようですよ。

オリジナルの「シャーロック・ホームズ」の雰囲気を残しつつも、現代イギリスの個性的でアーティスティックな小物が加えられて、面白い部屋になっていますね。

イ：なるほど。伝統的なスタイルと現代的なスタイルの組み合わせ、さらにはシャーロックのエキセントリックな性格までもが表現されたインテリアということですね。見応えありました！

③ シャーロックがワトソンと一緒に謎解きをするスペース。現代版シャーロックの部屋にはパソコンなどのハイテク機器がいっぱい。

奥のダイニングテーブルを
書斎のように使います。

4

料理をしないシャーロックのダイニングキッチンには、料理道具のかわりに実験器具がたくさん。冷蔵庫の中にはおかしなものが入っていたり、普通の人のキッチンとはかなり様子が違います。

14

絶妙なパステルの色合わせ

[リップスティック・ジャングル]

探偵（以下・探）：今回のドラマは、ニューヨークで働く女性たちを描いた『リップスティック・ジャングル』。というと『セックス・アンド・ザ・シティ』を思い出しますが、こちらのドラマも原作者が同じなんです。

イエ子（以下・イ）：では、やはりおしゃれなニューヨーカーの日常がたっぷり見られるわけですね。

探：もちろんです。さて、このドラマは3人の女性が主人公ですが、独身、夫婦2人暮らし、子供あり……と、立場はいろいろ。それに合わせて部屋のテイストも違っていて面白いんです。

イ：家、ファッション、ライフスタイルも3人3様なのを上手く表現していますよね。

探：今回は、いちばん個性的なヴィクトリーのお部屋を選びました。ファッションデザイナーである彼女の仕事場も兼ねている、可愛らしい住まいを検証していきましょう。

パステルカラーを上手く使う

探：ヴィクトリーが住んでいるのは、アパートの1階と2階の部分。1階はリビングとダイニングキッチン、

ストーリー紹介

[リップスティック・ジャングル]

映画会社トップのウェンディ、雑誌編集長のニコ、ファッションデザイナーのヴィクトリー、3人のラブストーリーに、セレブな女性たちの仕事内容やプライベート、ファッションなど見どころ盛りだくさん。さらに会話の中に織り交ぜられたニューヨーカーの流行も楽しめるドラマです♪

[間取りとインテリア]

ダイニング・キッチンを挟んで、右にリビング、左に仕事部屋という間取りです。

色が多すぎてチグハグになりそうですが、柔らかい色味のおかげで調和がとれています。（探偵）

アパートの入り口。煉瓦づくりの壁に石畳の階段という、ヨーロッパ風の洗練された外観です。

1 ブルーのソファ。クッションやブランケットも色を揃えています。壁やソファなど大きなものはパステルカラーで柔らかい雰囲気に。

その奥にワークスペースがあります。

イ：あのおしゃれな服と靴は？

探：ドラマには出てきませんが、2階にベッドルームやクローゼットがあるようですね。

探：パッと見た部屋の印象は、とってもカラフル！　壁はパステルピンク、そこにスカイブルーのソファと鮮やかなオレンジの一人掛けソファが目を引きます。

探：色が多すぎてチグハグになりそうなんですが、パステル調の柔らかい色味なのと、落ち着いた色調の家具もあるので、全体的に調和が取れていますね。

ただ、そこに個性的な小物を入れるのが、ファッションデザイナーならでは！　シェルフやコンソールの上には、インパクトのある銅像や陶器などがディスプレイされています。色味をホワイトや薄いブルーなどで統一しているので、ピンクの壁にとっても映えるんです。

イ：大人可愛い、という感じでしょうか。高級感もありますから。

真っ赤な仕事部屋

探：生地を縫ったり、トルソーを使って作業したりするのがこの仕事部屋。やる気を出すためにここだけ赤い壁にしているのでしょうか。

イ：確かに、仕事に燃える彼女のイメージにぴったり……。

探：日本でも最近、壁のペイントが流行ってきましたが、ヴィクトリーのように部屋ごとに違う色にするのもお勧めです。部屋全体を塗り変えるのに抵抗がある人は、アクセントとして一面だけ色を付けてみても。部屋に入って一番目に入る壁を好きな色にして、それに合わせて家具の配置や色使いなどを考えるといいでしょう。

仲の良い友人二人は、ランチタイムや仕事の合間によくこの家に集まります。

玄関ホールから両開きの扉を開くとリビングに。

ヴィクトリーのように
部屋ごとに壁の色を
変えるのも
お勧めです。
（探偵）

2 ダイニング、リビング、作業スペースの間には扉がなく、それぞれ違ったテイストがうまくミックスされた空間です。

ファッションデザイナーだけあって、いつもおしゃれなヴィクトリー。毎回華やかなスタイルで観る人を楽しませてくれます。

3 モチベーションを上げる赤い壁の部屋！仕事に集中できる広さです。

15

個性的に間仕切るペントハウス

[キャッスル〜ミステリー作家は事件がお好き]

探偵（以下・探）：今回は、『キャッスル〜ミステリー作家は事件がお好き』を取り上げます。

イエ子（以下・イ）：とっても楽しみにしていました！ 不思議な間取りのペントハウス。

探：主人公は、売れっ子ミステリー作家のキャッスル。

イ：自分の書いた小説の模倣殺人事件をきっかけに、刑事ベケットの捜査を手伝い始めるんですよね。

探：そんなベストセラー作家の自宅を、さっそく拝見しましょう。

完全に仕切らず広く見せる

探：キャッスルは豪華なアパートに、娘のアレクシスと、母親のマーサと一緒に暮らしています。

イ：そうそう。いかにもスタイリッシュな独身男性の家、という雰囲気なので意外ですが。

探：玄関から入ると広々としたリビング、奥にはキッチンとダイニングスペースがあります。

イ：ダイニング・キッチンの奥はワインセラー！

探：部屋数はさほど多くありません

ストーリー紹介

[キャッスル]

知的でリッチでユーモアあふれる推理小説作家キャッスルが、美人刑事とNYの殺人事件に挑むミステリー。次々と起こる難解な謎を解くキャッスルの推理力、刑事ベケットとの軽妙なやりとり、家族や仲間との信頼関係………と見どころいっぱい。ミステリーと言っても笑いの要素も多く、サスペンスとコメディの両方が楽しめるドラマです♪

[間取りとインテリア]

玄関から入って中央がリビング、左にキッチン・ダイニング、右には書斎と寝室があります。

危険な捜査には、「POLICE」の代わりに「WRITER」と書かれた自前の防弾チョッキを身に着けて勝手に参加するキャッスル。ユーモアーたっぷりのキャラクターです。

① 玄関の前には広々としたリビング、奥には大きな窓が並びます。

プライベートな空間以外は壁で仕切られていないので開放的。
(探偵)

が、一部屋一部屋がとても広く、プライベートな空間以外は壁で仕切られていないので開放的です。

イ：家全体のインテリアの色合いや雰囲気が統一されていますね。

探：居心地のよさそうな、スタイリッシュでモダンなインテリアです。玄関にイームズのLa Chaise（ラシェーズ）のチェアがさりげなく置いてあったりします。

男性の似合うオープンキッチン

探：リビングの左奥にあるオープンキッチンは、かっこいい印象。

イ：キャッスルは朝も晩もよく料理しますもんね。娘もよく手伝うし！

探：カウンターでは朝食を食べたり、アイスクリームを食べておしゃべりしたり。

リビングと男の隠れ家

探：広いリビングに、ところどころ間仕切り壁がありますね。

イ：リビングの中央に4つあるので、個室だった壁を抜いた残りかな？……と想像していました。

探：この壁を上手く使って、隅に一人掛けソファを置いてちょっとした空間をつくったり、グランドピアノを置いたりして、緩やかにスペースを区切っているようです。

仕事部屋も同じで、リビングとの間仕切りに本棚を置いていますが、背板がないのでリビングから中が見えるようになっています。

イ：リビングの気配も伝わってくるでしょうし、閉塞感がなさそう。

探：仕事部屋の中には個性的な現代アートが飾られていたり、高そうなお酒が並んでいたり、ちょっとした「男の隠れ家」風。

イ：色彩を抑えたインテリアに、知性を感じさせる小物……大人の男、という感じの家でした！

2 奥にワインセラーのある広いキッチン。コンロはアイランドカウンターに設置。

階段の壁には、地下鉄の写真が飾られています。シンプルなインテリアの中で目を引くポイント。

3 ダイニングの窓と窓の間には、おしゃれなガラス張りの暖炉が。

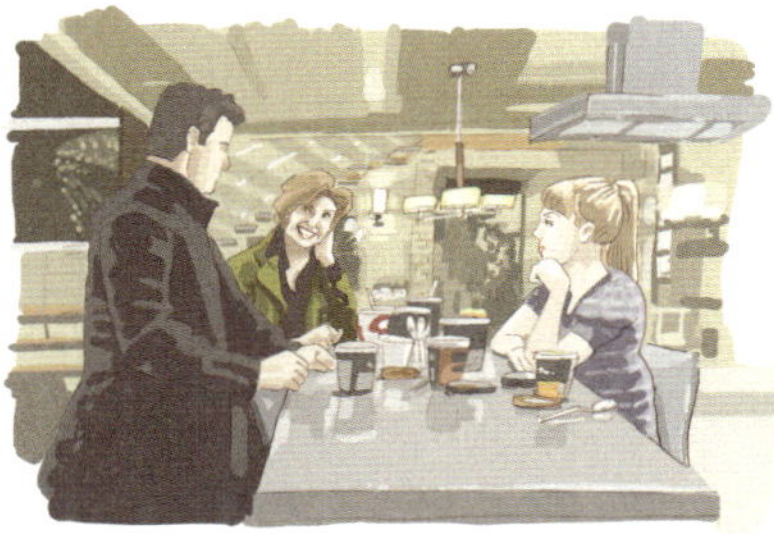

仲良し親子の会話は主にキッチンカウンターとリビングで。カウンターテーブルは3人で料理をしても十分な広さ。

居心地のよさそうな、スタイリッシュでモダンなインテリア。（探偵）

リビングと仕事部屋の間仕切りには大きな本棚を利用。作家らしく、本がたくさん並んでいます。

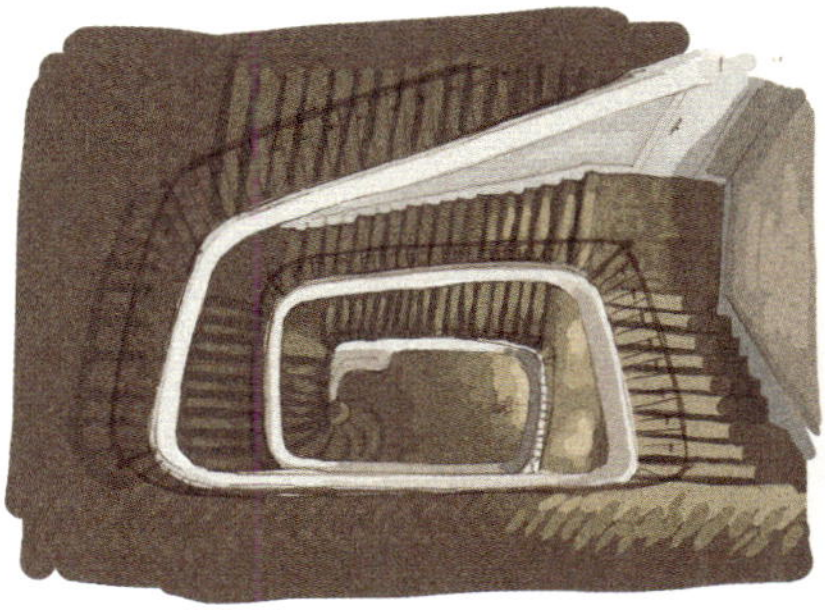

仕事部屋のデスクの後ろにはこのポスターが。思わず壁の向こうに螺旋《らせん》階段があるかのような錯覚に……。

16

イギリスの石造りの小さな家

映画［ホリデイ］

探偵（以下・探）：今回は、クリスマスシーズンにぴったりの映画、『ホリデイ』のアイリスの家です。ドラマや映画の中のインテリアを鑑賞するのが好きな人には、楽しめること間違いなし。というのも、これは失恋した見知らぬ同士の女性二人が、休暇の2週間のあいだ、家を交換するというお話なんです。

イ：しかも、その家の大きさやテイストが正反対なところが面白いですよね。それぞれの個性がよく反映されていて。

探：そうなんです。まずロサンゼルスに住むアマンダ（キャメロン・ディアス）は、映画の予告編を製作する会社の社長。仕事で成功しているアマンダの家は、プール付きの大豪邸！ 部屋の内装も、モノトーンでコーディネートされたモダンなスタイルです。

探：いっぽう、ロンドンの新聞社に勤めるアイリス（ケイト・ウィンスレット）は、ロンドンから車で40分ほどの町にある小さなコテージに住んでいます。

イ：「イギリスの古くて可愛い家」というイメージをそのまま形にした

ストーリー紹介

映画［ホリデイ］

ロンドンの新聞社に勤めるアイリスと、ロサンゼルスに住むキャリアウーマンのアマンダは、共に失恋中。そんなときアマンダは、偶然見つけた「家を交換するサイト」でアイリスの家を気に入り、急遽2週間お互いの家を交換することに。いつもとまったく違う環境に身を置く2人に、新たな出会いが……というラブコメディです♪ 共演はジュード・ロウとジャック・ブラック。

[間取りとインテリア]

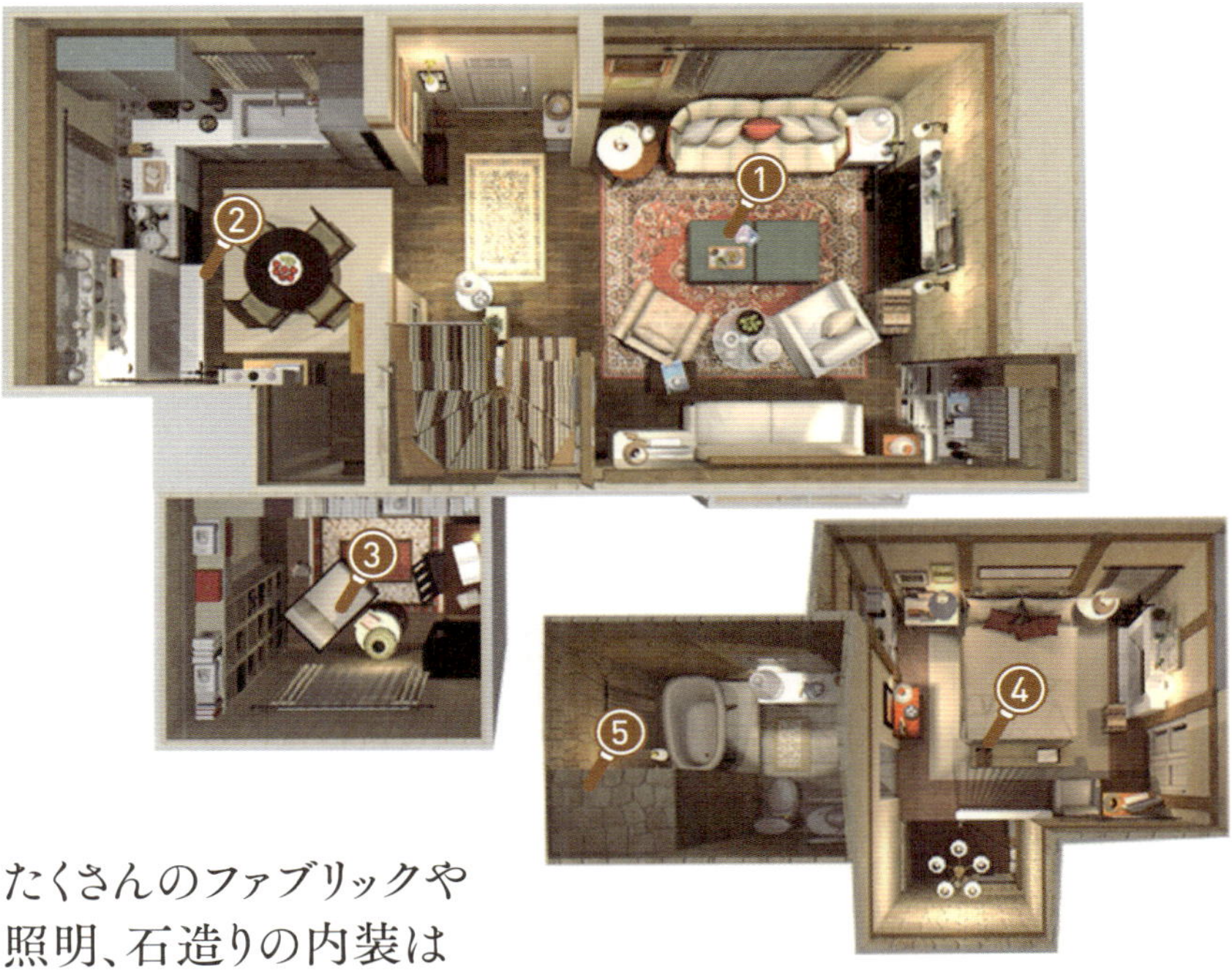

たくさんのファブリックや
照明、石造りの内装は
温かみがあって
冬にぴったり。
（探偵）

花柄やストライプ、ベルベットなどのファブリックは、使い古されて少し色あせているところがイギリスの家庭的な雰囲気。

ロンドン郊外のアイリスの家。はちみつ色の外壁や色つきの建具、物があふれたインテリアはアマンダの家とは正反対です。

ようなコテージですね。

探：メルヘンチックな内装も、思わず見入ってしまいます。今回はこのアイリスのコテージを見ていきましょう。

スペースは無駄なく使う

探：玄関を入って左にリビング、右にダイニングキッチン。階段の下にもドアがありますが、ここはトイレですね。背の高いアマンダが頭をぶつけてしまうほど天井の低い小さな階段を上ると、ベッドルームとバスルームが。どの部屋もこじんまりしています。

イ：トイレも階段もお風呂も、みんな小さいのが可愛い。こんな家に住みたいと思いました。

探：狭い場所って案外落ち着くものです。家具や物も多くてごちゃごちゃとしているんですが、居心地よさそうなお部屋ですね。

ファブリックいっぱいのリビング

探：時期が冬なので、外には雪が一面に積もっています。家の中でも帽子とマフラー、セーターなど厚着をしていて、とても寒そう。

イ：気候も正反対なんですね。

探：そうなんです。そんな寒さを和らげてくれるのが、リビング、キッチン両方に置かれている暖炉。クリスマス時期なので、よく見ると飾り付けがされています。

イ：内装の石造りの壁とマッチして、なんて暖炉の似合う家でしょう！

探：そして、リビングにはソファがいくつも置かれています。ユニークなのがローテーブルの代わりにオットマン（脚置き）を置いているところ。テーブルにもなるし脚置きにもなる、面白い使い方ですね。

イ：人も犬も座れるところがいっぱい。いいアイデアですね。

② ダイニング・キッチンの暖炉の上には食器を飾る棚があります。

石造りの壁と
マッチして、
なんて暖炉の
似合う家でしょう！
（イエ子）

アマンダが住むロサンゼルスの家。大きなプールにシアタールームも完備されたおしゃれなホテルのよう。

アマンダの寝室は、シンプルなファブリックで大人のインテリア。

水色のカントリー風キッチン

探：水色でコーディネートされたダイニングキッチンはカントリー風。暖炉の上に飾られたお皿といい、小さな丸いダイニングテーブルといい、まるでおとぎ話にでてきそう。

イ：広々したキッチンも素敵ですが、こんなこじんまりしたキッチンも動線が少なくて、料理しやすそうですよね。

探：そして、映画ではチラっとしか出てきませんが、キッチンの奥には本がぎっしり詰まった書斎があります。アイリスは新聞社に勤めていますから、本が好きなんでしょうね。

キュートな寝室とバスルーム

探：2階にあがると、すぐにベッドルームがあります。もちろん、ベッドルームにも暖炉が。とにかく、どの部屋も暖炉の使い方が素敵なんですよ。暖炉の上には必ずオブジェや間接照明、植物などをディスプレイしてあります。絵画もいたるところに掛けられていて、殺風景にならないようにしています。

イ：部屋全体が、温かみのある印象ですね。しかもコテコテに感じさせないところはさすがです。

探：最後はバスルーム。寝室の横にあります。タイムスリップしたかのような昔風の小さなバスルームで、アマンダが窮屈そうにバスタブに入る姿がおかしかったです。

イ：探偵の言うとおり、狭い家もいいものですね。狭いところの方が安心できて好き、というような人にはたまらない家だと思います。

③ 天井までぎっしり本が詰まった書斎。

4

暖炉のディスプレイやベッドに掛けられたキルトなどにも注目。

アイアンのベッドに花柄のシーツなど、ロマンティックなムードの寝室。

5

座って入るしかない小さなお風呂。しかも屋根の勾配が湯船に迫ってきています。

17 シアトルの楽しい共同生活
[グレイズ・アナトミー]

探偵（以下・探）：今回は、シアトルにある病院を舞台にしたドラマ、『グレイズ・アナトミー』を取り上げます！ 10年以上続く人気ドラマですね。

イエ子（以下・イ）：主人公のメレディスは病院のインターン。

探：毎日、朝から晩まで休む間もないメレディスが住んでいるのは、きっと寝るだけの質素な部屋……いえいえ、全然違います。天才外科医だったメレディスの母が住んでいた瀟洒《しょうしゃ》な家を、インターン生2人とシェアして住むようになるんです。

イ：3人で暮らすには広すぎるくらいの家ですよね。

書斎とLDは扉を付けず一列に配置

探：間取りは、まず1階の玄関を入って左にリビングとダイニング、その奥にキッチンとランドリースペースがあります。

イ：ドラマにはあまり出てきませんが、玄関の右側には書斎のような部屋がありますね。

探：そして2階には各自の部屋とバスルームがあります。ドラマのほと

ストーリー紹介

[グレイズ・アナトミー]

シアトルの大病院に外科のインターンとして勤務することになった主人公のメレディスが、仲間と共に厳しい医療の現場で奮闘する姿を描いたメディカルドラマです。一流の医師を目指して成長するインターンたちの姿が共感を呼び、10年以上も続いているロングランシリーズ。シアトルの美しい景色も魅力のひとつです。今回はシーズン1と2でメレディスが二人の同僚と暮らす家の間取りを読み解きます。

[間取りとインテリア]

広々としたキッチンにダイニング・リビング、書斎、キッチン、ランドリースペースが並ぶ1階の間取りです。

坂道に建つメレディスの家。左手の階段を登ると玄関があります。

物の少ない
シックなインテリアは
使い方でアレンジ。
（探偵）

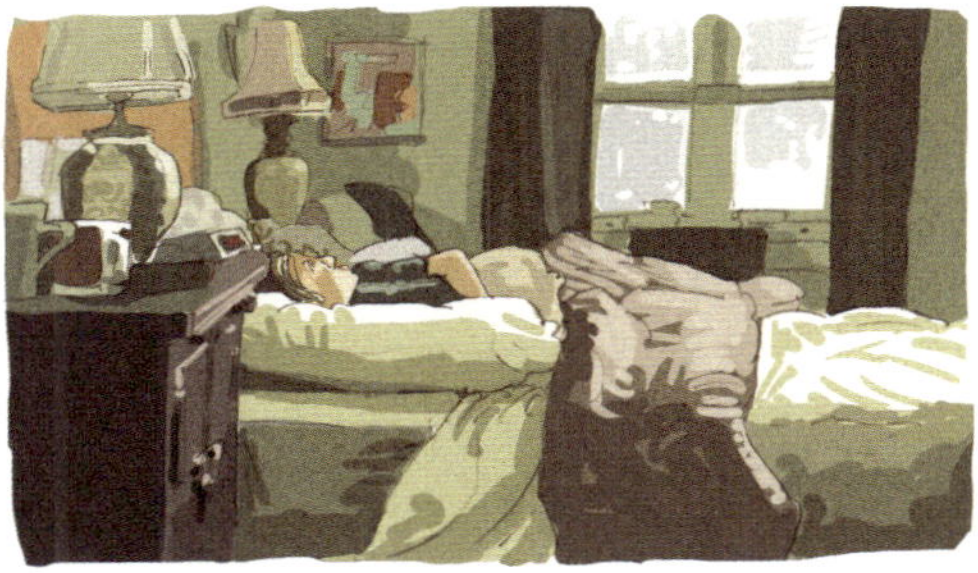

2階のメレディスの部屋では、ベッドサイドに置かれた大きめのライトスタンドが目を引きます。

んどが病院のシーンなので、あまり家は出てこないんですけどね。

イ：毎日夜遅くまで病院で働いていますからね。

探：それでも、リビングでメレディスの母の執刀中のビデオをみんなで一緒に見たり、キッチンで朝バタバタと支度をしたり、バスルームの使い方でもめたりと、ときどき差し挟まれるシェア生活の様子が楽しそう。

イ：職場も家も一緒だと、共通の話題がいっぱいありそうですよね。

使い方のアレンジが効くLD

探：次はリビング・ダイニング。こちらはシックなインテリアです。家にいることが少ないからか、物が少ないですね。リビングもソファとテレビぐらいで、たまに同僚が遊びに来たり、家でパーティーしたりするときに、その都度ソファの位置など変えて、臨機応変に使っているよう。

みんなの集いの場――キッチン

探：さて、そんなメレディスの家で一番よく登場するのが、キッチン。とても広くて、設備もそろった立派なキッチンです。

イ：コーヒーを入れたり、簡単なものをつくったり、ほとんどこのキッチンのカウンターで済ませていますね。

探：みんなここに集まってくるので、会話の場にもなっています。やっぱり海外の人はルームシェア生活に慣れている感じがしますね。一緒に何かするというより、日常の用事をこなしながらコミュニケーションをとるという感じでしょうか。

イ：そういう意味で、みんなが一番よく利用する共用部分のキッチンを広くとるのは、とてもいい間取りだと思いました。

白い腰壁と棚が可愛いバスルーム。バスタブとの仕切りには、シャワーカーテンではなく、半透明の引き戸が取り付けられています。

① 玄関からリビングを見たところ。クリスマスや友達の集まりには家具の配置を変えてアレンジ。

② リビング・ダイニングは扉のないアーチ型の開口で、家がより広く見えます。

キッチンはみんなの会話の場になっています。（探偵）

③ いろんなものが置かれた生活感あふれるキッチン。

18

愉快な夫婦のジャンク・スタイル

[ダーマ&グレッグ]

探偵（以下・探）：今回は、サンフランシスコを舞台にしたコメディ、『ダーマ&グレッグ』を取り上げます。『フレンズ』のように、観客の笑い声の入った楽しいドラマです。

イエ子（以下・イ）：なつかしい！このドラマも大好きでした。

探：主人公のダーマとグレッグは、地下鉄でお互い一目ぼれし、なんとその日のうちに電撃結婚してしまう。

イ：二人ともはまり役でしたね。とんでもない展開でも、この二人だとなんだかあり得そう。

探：そして二人の新居は、ダーマが倉庫を自由にリノベーションした、とても個性的な家です。

仕切りのない大空間

探：玄関を入ってすぐに、吹き抜けの開放的なワンルームが広がります。手前にソファやテーブルを置いて、リビングスペースに。窓際には背の高いポップなチェアと、小さめのデスク。その右側のドアからは、メルヘン調の可愛らしいバスルームへ。広いスペースを仕切らずに上手く使っていますね。

イ：ピンクの窓際のチェア、目を引

ストーリー紹介

[ダーマ&グレッグ]

元ヒッピーの両親に育てられたダーマと財閥の御曹司のグレッグ。地下鉄で出会い、ひとめぼれをした二人は、すぐに結婚。性格も仕事（ダーマはヨガのインストラクター、グレッグは検事）も、育ってきた環境もまるで正反対の二人が、友人や両親も巻き込んで毎回楽しい騒動を繰り広げるコメディです♪ 日本では、NHKで1999～2002年に放送されました。

[間取りとインテリア]

バスルームの上が
寝室にあたります。

お互いの両親や友達、
グレッグの仕事仲間な
ど、毎日たくさんの人
がやってきます。

① 茶色い玄関ドアを入って右手に、寝室への階段があります。そして寝室には屋上に出られる窓が。

広いスペースを
仕切らずに上手く
使っていますね。
（探偵）

きます。窓辺にこういう配置をするのはいいアイデア。

探：ほかにも、部屋のあちこちにダーマの好きなものを集めたような家具や小物類があります。色はピンク、パープル、レッド系をアクセントで取り入れて、部屋全体がポップな感じですね。

イ：ソファはわりとクラシックなデザインですが、ダイニングチェアや小物などはスタイルもばらばらで、それでいて可愛い。

探：グレッグも初めてこの部屋に来たときはびっくりしていましたが、暮らしてみると意外と心地よさそう。お互いが生活しやすいように、ちょこちょこ模様替えしたりしているようですね。

イ：確かに、インテリアが少し変わっているときがありますね。

隠れ家みたいなベッドルーム

探：ベッドルームは階段を上った2階にあります。2階というより、ロフト部分でしょうか。

イ：そうですね。ロフトというほうが近い感じ。

探：壁がレンガなのが、いかにも倉庫を改造した雰囲気。ただここも色使いはカラフルで、シースルーのピンクと赤を組み合わせたカーテンに、ショッキングピンクのチェストなど。さらには提灯がぶら下がっていたり、少しオリエンタルな雰囲気もあります。

イ：くつろぐため、というインテリアでは決してないような……（笑）。

毎回、部屋のシーンを楽しみにこのドラマを観ていたことを思い出しました。お話のトーンやインテリアの雰囲気など、確かに『フレンズ』と共通点が多いドラマですね。

可愛い飼い犬も、この部屋のインテリアにぴったり。

窓際のピンクのチェアがいいアクセントに。

ダイニングチェアや小物などはスタイルもばらばらで、それでいて可愛い。

（イエ子）

②
シンク、食器棚、アンティーク風コンロが並ぶキッチン。どこかから持ってきたような無造作な感じがダーマ流。

③
壁のレンガとショッキングピンクの組み合わせが新鮮です。

上はシーズン2のワンシーン。今回読み解いたシーズン1とは少し間取りもインテリアも変わるので、ぜひ見比べてみてください。

19 楽しく区切って飾る平屋

[ミディアム～霊能捜査官アリソン・デュボア]

探偵（以下・探）：なんと今回のドラマ『ミディアム』の主人公は、実在する女性霊能者、アリソン・デュボアをモデルにしているそうです。

イエ子（以下・イ）：これまでいろんなジャンルのドラマを取り上げてきましたが、実話にもとづくものは初めてですね。

探：主人公のアリソンは優しい夫と3人の子どもを持つ、いたって普通の主婦。家の中は生活感たっぷりです。ほかのドラマとくらべると割とこじんまりとした間取りですし、リアルな感じがしますね。

イ：舞台のアリゾナ州はメキシコのお隣だけあって、インテリアにもメキシカンテイストの鮮やかな色や柄があふれています！

探：特に、壁の色に注目してみてください。

カラフル&アンティーク

探：アリソンの家には、長い廊下が縦横に走っているので、ときどき迷路みたいに感じます。

イ：こうなっていたんですか。読み解くのに難しい間取りですよね。回遊できる動線のようで、廊下がどこ

ストーリー紹介

[ミディアム]

アリゾナ州フェニックスに暮らす主婦のアリソンは、ある事件の予知夢を見たことをきっかけに、霊能力を生かして検事局で働くことに。毎回、予知夢をパズルのように組み合わせて意外な真犯人にたどりつくというサスペンスドラマ。霊能力を受け継いだ子供たちとエンジニアの夫に囲まれ、日々育児と仕事に奮闘するアリソンの姿もこのドラマの魅力のひとつです♪

アリソン・デュボア　　ジョー・デュボア

[間取りとインテリア]

家の中心はキッチン・ダイニング。L字のキッチンにクローゼット式のパントリー、冷蔵庫が面白い配置になっています。

スペイン風の真っ白な壁に、落ち着いた色の両開きの玄関ドア。まわりにも同じような白壁の家が並びます。

1 リビングとダイニングキッチンはひと続きになっています。

割とこじんまりした間取りで、リアルな感じがしますね。
（イエ子）

に続いているのかわからなかったんです。

探：玄関を入ると真っ直ぐ長い廊下があって、そこを抜けると、ひと続きになっているリビングやダイニング・キッチンがある部屋へ。

イ：こうして上から見ると、意外に大きな平屋かも。それにしても、壁の色が目立ちますね。

探：ひと続きの部屋ですが、キッチンは黄色、ダイニング、リビングは赤と色を変えているので、とってもカラフル！

キッチン・ダイニングは楽しく飾る

探：ドラマでもよく登場するキッチンの扉は水色。とにかく色があふれている家ですが、家具に落ち着きがあるので、うるさくは感じません。

イ：仲が良くて、にぎやかな家族にぴったりのインテリアですね。

探：そうですね。ほかにも、壁には子供たちが描いたとおぼしき絵なんかも飾られていて、家庭の日常が感じられます。

身支度を整える寝室

探：最後にベッドルームへ。壁の色は赤、家具はナチュラルな木の素材で、温かみのある雰囲気。

イ：このドラマ、ベッドルームが映ることが多いですね。なにせ幽霊とのご対面はほとんど夢の中……。

探：そうなんですよね。毎晩のように悪夢にうなされて飛び起きるアリソンに、夫のジョーはもう慣れっこ（笑）。隣にはバスルームもあるので、朝シャワーを浴びたり、歯磨きをしたりしながら、二人で会話をしている姿が微笑ましい。

イ：わたしもこのカップルが大好きです。夫婦愛に心打たれるシーンも多いドラマでしたね。

2 水色のキャビネットが可愛いキッチン。

ソファなどのファブリック類はアンティーク風の地味目のものを合わせて。

色があふれた
家ですが、
家具で落ち着きを
出しています。
（探偵）

寝室は夫婦の会話の場所。

③
寝室にバスルームがつながっていて便利そう。バスルームは子ども部屋前の廊下からもアクセスできます。また、右手の掃き出し窓を開けるとテラスが。

20

ロンドンのおしゃれな一人暮らし(男性編)

映画「アバウト・ア・ボーイ」

探偵(以下・探):今回は、ヒュー・グラント主演の映画『アバウト・ア・ボーイ』を取り上げます! 舞台はロンドン。主人公ウィルは38歳、無職で独身、ハンサムで女性が大好き……とヒュー・グラントにぴったりのキャラクターです。

イエ子(以下・イ):無職といっても、お父さんがクリスマス・ソングを作曲して一発当てたおかげで、優雅な印税生活を送っているんですよね。

倉庫風ワンルームを棚で仕切る

探:そんな快適な一人暮らしを楽しんでいるウィルの家は、倉庫を改装したような、天井の高い広々とした空間です。そこを壁や間仕切りで遮らず、ざっくりとスペース分けして使っていますね。

イ:映画のオープニングで、身支度をしながら家の中をぐるりとまわるシーンが印象的でした。動線も便利そうです。

探:一番目を引くのが、高い天井まで本棚が並んだスペース。パソコンやギター、本などがあるので、趣味の部屋といった感じでしょうか。

イ:壁一面にぎっしりCDやレコー

ストーリー紹介

映画[アバウト・ア・ボーイ]

2002年に公開されたイギリス映画。優雅な独身貴族のウィル(ヒュー・グラント)が、悩み多き12歳の少年マーカスと出会って人生を見つめ直す姿を、辛辣なユーモアも交えながら温かいタッチで描いた作品です。ウィルが恋に落ちるレイチェルの家もおしゃれなので注目! なお、マーカスを演じたニコラス・ホルトは、成長して2016年アカデミー賞で最多6部門を受賞した『マッドマックス　怒りのデスロード』でニュークス役を演じています。

マーカス　　ウィル

[間取りとインテリア]

倉庫を改装したようなワンルームのアパート。天井が高く、はしご付きの書棚が目を引きます。

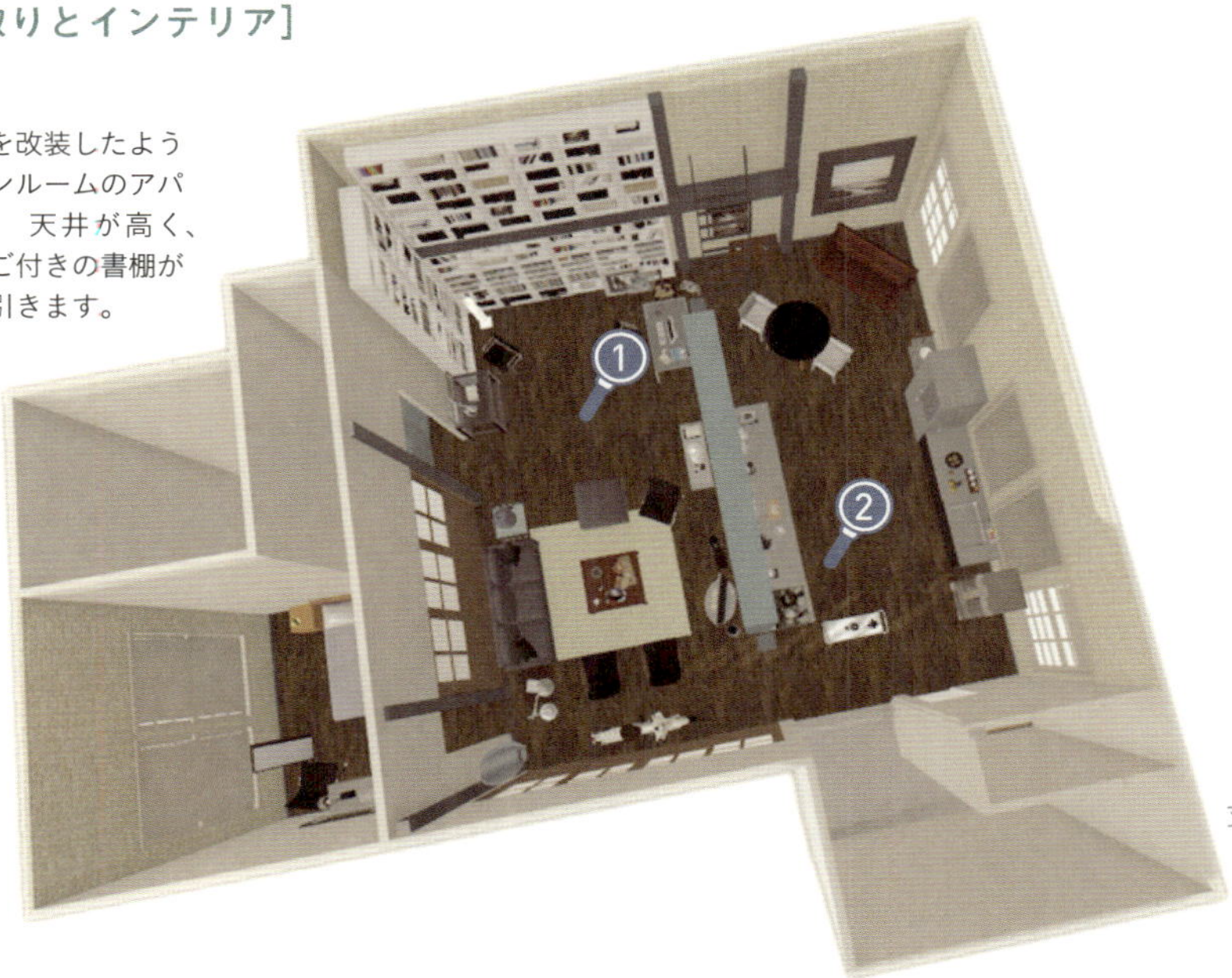

男性が好きそうなもので埋めつくされた部屋。

1 柱や梁で補強された壁に、つくり付けらしき書棚。床から天井まで、アナログレコードやCD、書籍がぎっしり詰まっています。

好きなものに囲まれた、自分だけの城のような住まい。
（探偵）

ドが詰まっていて、小さなお店ぐらいありそう。

探：好きなものに囲まれて、独身生活を謳歌する。男性には憧れの住まいかもしれないですね。

くつろぎのソファスペース

探：次は、ウィルの定位置のソファ。

イ：働いているわけでもないので、いつもこのソファに座っては、クイズ番組をぼーっと眺めてましたね(笑)。

探：少年マーカスとその番組を一緒に観るシーンも面白かったですね。部屋の内装や家具は、モダンでシンプルなテイストで統一。ギラギラとかっこつけすぎないところが、イギリスっぽい感じがします。

水槽を間仕切りに

探：この部屋のアクセントになっているのが、リビングとキッチンの間仕切り壁に埋め込まれた大きな水槽！向こうが透けて見えるので圧迫感もないですし、ソファに座りながらでも眺められます。

イ：斬新なアイデアですね。

探：キッチンには、コーヒーメーカーやおしゃれな家電が並んでいます。ここもとにかく広い！

イ：男性の一人暮らしでキッチンが広いのは珍しいかも。普通は書斎とか……。

探：仕事をしていないウィルには、書斎は必要ありません！何かに熱中するわけでもなく、パソコンで検索するのはアダルトサイトだったり。かっこいい部屋に反して、やっているのは本当にくだらないことばかりですね（笑)。

イ：確かに。それでも、どこか憎めないのはヒュー・グラントならではですね。

玄関には木製のシックなドア。アパートの入り口だけ1階にあります。

グレーのソファの後ろは寝室（バスルームとクローゼットも）。木製の間仕切りで普段は隠しています。

② 料理するシーンはありませんが、キッチンにはクールなデザインの家電がたくさん。

マーカスとお母さんの家も必見。アンティーク風の家具や雑貨がいっぱいのイギリスらしい家です。

内装や家具は、モダンでシンプルなテイストで統一。
（探偵）

21

ロンドンのおしゃれな一人暮らし（女性編）

映画［ブリジット・ジョーンズの日記］

探偵（以下・探）：前回と同じく、ロンドンを舞台にした『ブリジット・ジョーンズの日記』を取り上げます。世界各国でベストセラーになった小説を映画化したラブコメディです。

イ：私もDVDを持っているぐらい大好きな映画です！

探：主人公は32歳で独身のブリジット・ジョーンズ。これまでのダメダメ生活から抜け出そうと日記をつけはじめるんですが、そこにはシングル女性の本音が満載……というのが人気の理由。

デコボコ不思議な形の部屋

探：ブリジットが住むのは、丸味を帯びた外観の可愛らしいフラットです。そんな建物の形に合わせて、部屋の間取りもカクカクしていたり、部屋と部屋の間には段差があったりします。

イ：街並みに合った、レンガづくりの古い建物ですね。ロンドンが舞台の映画では、入り口が1階、居室は2階というフラットはよく見かけます。ブリジットの部屋もそのタイプ。部屋が変わった形なのは、もともと

ストーリー紹介

映画［ブリジット・ジョーンズの日記］

ロンドンに住む30代の独身女性が、自分の体重から私生活まで包み隠さず書き綴る日記形式の小説を映画化。仕事や恋愛、ダイエットに奮闘するブリジットの姿が女性の共感を呼び、本も映画も大ヒット（映画は続編も製作されましたが、なんと現在12年振りに第3作が製作中）。今回取り上げたブリジットのアパート以外にも、両親の暮らす家もイギリスの田舎風の可愛らしいインテリアです♪

[間取りとインテリア]

玄関を入って階段を上るとホールになっていて、そこからリビング、キッチン、ベッドルーム、バスルームへ行けます。

① ダイニング側からリビングを見たところ。左手のドアが玄関につながっています。

ロンドンらしい
入り口が1階、
居室が2階という
つくりのフラットです。
（探偵）

住居用でないビルに、部屋をつくったからでしょうか。

探：内装がレトロで、天井も斜めに勾配しているので、なんだか隠れ家みたい。

くつろぎのリビングとブルーのキッチン

探：よく登場するのがリビング。小さな暖炉の前には赤いソファがあり、そこでタバコを吸いながら寝転んでテレビをみたり、ヤケ酒をあおったりしていますね。

イ：一番共感できたシーンです(笑)。

探：出版社で働いているせいか、いたるところに本が転がっていたり、脱ぎっぱなしの服やお酒のビンが散らかっていたり、生活感たっぷり。

イ：そこにも親近感が……。

探：インテリアは、落ち着いた赤や水色を、ソファや家具などでアクセントとして入れています。イギリスの田舎の家みたいな色使い。

イ：水色はキッチンの壁紙にも使われていますね。

探：キッチンは、部屋のアーチの壁に合わせて、キッチンセットが並べられています。

イ：壁紙も、小物も可愛い。見せる収納ですね。

間接照明のランプに注目！

探：次はベッドルーム。あまり出てきませんが、この部屋で注目してもらいたいのは間接照明です。金平糖みたいな形のテーブルランプや、水色のスタンド、壁についているブランケット照明まで、すべてデザインが素敵なんです。こういう細かいところも、ぜひチェックしてみてください。

イ：ベッドルームのシーンは少ないので、すっかり見落としていました。じっくり観直してみたいです。

ソファがいくつもあるリビングは、自分らしくくつろぐスペース。小物や本がいっぱいですが、それもまたブリジットらしい雰囲気。

料理下手なブリジットが苦戦してできあがったものは……。

2 キッチンの調理台や棚にはいろんなものが雑然と置かれています。

キッチンの壁はパステルブルーに水玉。戸棚の扉もブルーで揃えています。右手にはバルコニー。

イギリスの
田舎の家
みたいな色使い 。
（探偵）

3 こじんまりとした、居心地のよさそうなベッドルーム。

22

カウンターが中心のシックなLDK

［プリティ・リトル・ライアーズ］

探偵（以下・探）：今回は、ペンシルベニア州のローズウッドという小さな町が舞台の『プリティ・リトル・ライアーズ』を取り上げます。

イエ子（以下・イ）：「女の子は嘘と秘密でできている」というキャッチコピーの、ガールズミステリーですね。

探：主役の女子高生4人の部屋やファッションがとてもおしゃれで、アメリカでも人気だそうですよ。それぞれキャラクターに合ったインテリアになっているので、部屋を見るだけでも楽しいです。

そんな4人の中でも、特におしゃれなスペンサーの家を取り上げます。

大きな大理石のカウンター

探：スペンサーはエリート一家の優等生。広い庭に、離れまである裕福な家庭のお嬢様です。

イ：ドラマで頻繁に出てくるのはLDKとスペンサーの部屋だけだったので、全体の間取りまでは残念ながらわかりませんでした。1階にLDK、2階にスペンサーの部屋があります。内装はシックでエレガント。スペンサーのファッションもそ

ストーリー紹介

［プリティ・リトル・ライアーズ］

ローズウッドという町に住む仲良しの少女5人組。そのうち一人が、ある晩行方不明に。一年後、残された4人のもとに、それぞれの秘密を知っているという謎の「A」からメールが……というガールズ・サスペンス。4人ともテイストの違うおしゃれな家に住んでいます。キッチン、リビングなど各部屋を見比べてみても楽しいかも。

[間取りとインテリア]

今回はファミリー用のLDKと、2階のスペンナーの部屋を読みときました。LDKは庭に通じた開口があるのも魅力的です。

カウンターではスペンサーがパソコンを開いて勉強したり、4人で集まったり。

内装は
シックな色合いで
統一されています。
（探偵）

1 装飾品は少なめのLDKは、生活感を抑えた雰囲気です。

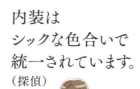

んな感じですよね。
探：裕福な家庭のわりには、意外と狭いLDKだなと感じるんですが、たぶんここはファミリー用で、『THE OC』のように、他にも来客用リビングがあるのでしょう。
イ：なるほど……。確かに、アメリカの家にしてはこじんまりしてるなとは思っていました。さすが探偵！
探：LDKでは、キッチン向かいの大きなカウンターが特徴的です。ダイニングテーブルを置かずに、カウンター兼テーブルとして使っているところも面白いですね。キッチンのインテリアは田舎風というか、どこか懐かしいデザインなんですが、それが古くさくなくて、絶妙にスタイリッシュ。
イ：キッチンが主役のLDKですね。いつでもみんなで使えるように、カウンターに物を置かないことがポイントですね。

大人っぽい女子高生の部屋

探：さて、お次は2階にあるスペンサーの部屋です。いかにもお嬢様という感じの、可愛らしいお部屋。ただ、スペンサーらしいトラディショナルで落ち着いたトーンですね。ピンクの花柄の壁紙に、天蓋付きのベッドや花柄のクッションがたくさん置かれています。
イ：女子にはたまらない部屋ですね。
探：コーナーには赤い革製の長椅子とサイドテーブル、奥のデスク前には雑誌の切り抜きや賞のメダル、学校のプリントなどが貼られています。大人っぽいスペンサーですが、部屋でレポートを書いていたりしますし、デスク周りを見ていると普通の高校生なんですよね。
イ：高校生が主役とはいえ、大人も楽しめるサスペンスでした。

アリアの部屋は、勾配天井に窓辺のベンチが山小屋風。アンティークでかわいいイメージです。

おしゃれ大好きハンナの部屋は、勉強道具よりもお化粧道具が中心。ピンク系のモダンなインテリアです。

2

大きなカウンターは、ちょっとした用事を済ませたり、食事をしたりするのにも使います。

可愛らしいけれど、トラディショナルで落ち着いたトーンの個室。

（探偵）

3

天蓋付きの大きなベッドが主役の広々とした個室。勉強道具や書籍などは、片隅にまとめて置いています。

右手のガラス戸の中は収納。

壁紙もクッションカバーなどのファブリックも柄付きですが、落ち着いた色味で大人っぽく。

23

まるで絵本の中の家！

映画［ロッタちゃん はじめてのおつかい］

イエ子（以下・イ）：今回はアメリカを飛び出し、スウェーデンが舞台の映画『ロッタちゃん はじめてのおつかい』を取り上げます。

探偵（以下・探）：『長くつ下のピッピ』で有名な童話作家、アストリッド・リンドグレーンの原作を映画化したものです。主人公のロッタちゃんは5歳の女の子。このロッタちゃん、独立心が旺盛で、ちょっぴりわがままな女の子。

イ：いつもぷんぷん怒っています。

探：そうそう。いつもブタの縫いぐるみのバムセを大事に抱えているのが微笑ましくて。そんなロッタちゃんが住むニイマン家は、日本人も大好きな北欧インテリア。ほっと心温まる田舎暮らしを、映画を通してのぞいてみましょう。

レトロで可愛いキッチン

探：パステルブルーのキャビネットに、床もブルーの市松模様。そこに赤いチェックのカーテンや黄色のペンダントライトがぶら下がって、カラフルなダイニングキッチンです。

イ：可愛らしい田舎のおうちという感じ。

ストーリー紹介

映画［ロッタちゃん はじめてのおつかい］

スウェーデンの田舎町に住むニイマン家の末っ子、ロッタちゃんは、大人も驚く行動力が魅力の元気な女の子。ロッタちゃんが引き起こす騒動と、それを温かく見守る家族や周囲の人々との触れ合いをユーモラスに描いた映画です。北欧の人々の暮らしぶりや服装、可愛いインテリアも見どころ。

[間取りとインテリア]

1階

2階

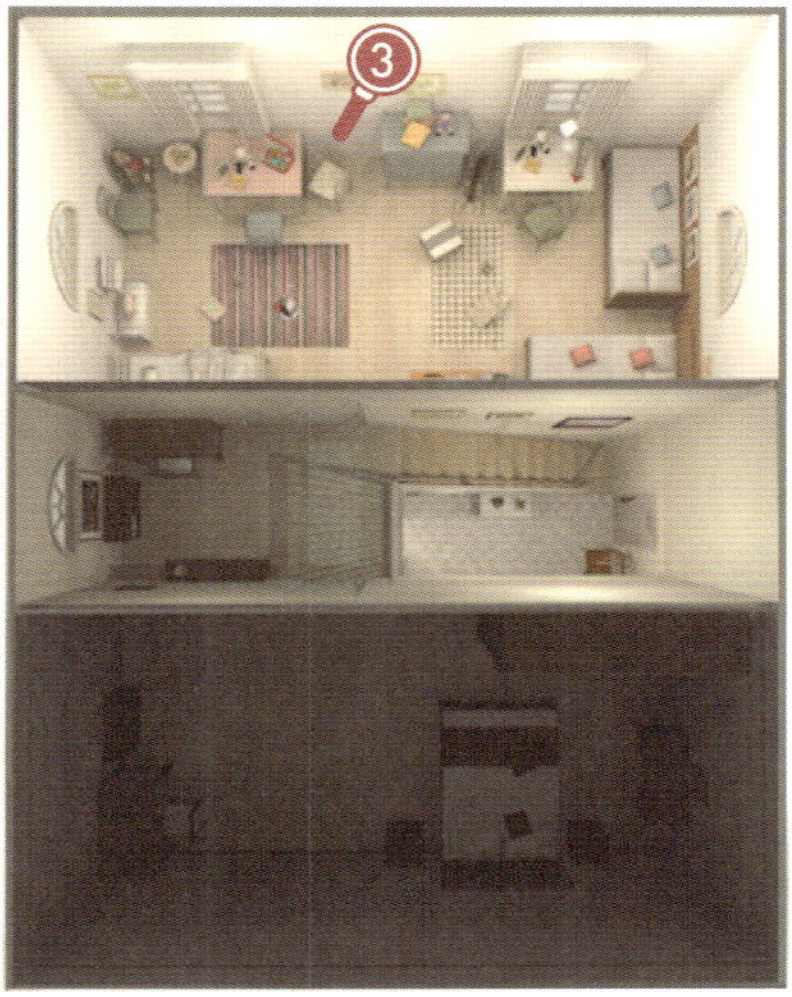

玄関

玄関を入ると、左にいつも食卓を囲むダイニングキッチン、玄関ホールの先にはピアノや暖炉があるリビング、その奥にまたダイニングがあります。2階には子供部屋の他にもまだ部屋はありそうです。庭もとても広くて、子供たちがのびのび遊んでいます。

どこに行くのもブタの縫いぐるみ「バムセ」と一緒。

① パステルブルーに赤を利かせたダイニング。

レトロなキッチンも
北欧風の色使いが
印象的。
（探偵）

探：そんなに広くはありませんが、食事をとったり、ママが家事をしたり、みんなが一番集まる場所です。

家族が集まる温かいリビング

イ：次はピアノがある広いリビングへ。

探：使い古された木製の家具で統一された、落ち着いた雰囲気ですね。ソファには、ママの手作りと思われるチェックのカバーがかけられていて、これもとってもキュート。ピアノ前の壁一面だけ葉っぱ柄なのがいいアクセントになっています。

子供3人のお楽しみ部屋

イ：最後はお待ちかねの子供部屋に。

探：玄関を入ってすぐ右手の階段を子供たちがダダダーッと駆け上るんですが、そのすぐ先が子供部屋です。壁で仕切られていない、広い一部屋を子供3人で使っていますね。天井が勾配になっていたり、半円形の窓があったりするので、屋根裏部屋みたい。

　配置が面白くて、ドアを入って左側がロッタちゃんのスペース、右側がお兄ちゃんとお姉ちゃんのスペースに分かれています。

イ：ロッタちゃんのほうが贅沢ですね（笑）。

探：とにかくおもちゃがいたるところに転がっていて、壁にもお絵描きした紙がたくさん貼ってあります。木の風合いを生かしたベッドや机に、椅子やクローゼットはパステル調のブルーやグリーンという、いかにも北欧らしい色使い。散らかっているんですが、どこかノスタルジックで、心和むインテリアです。

イ：勾配天井に壁紙、家具の色、ひとめで「北欧」という雰囲気が伝わる家でした！

イースターの時期（春）になると、カーテンをさわやかなチェック柄に変えるママ。

黄色の外壁が鮮やか。玄関ドアの丸い窓もキュートです。

リビングは一面だけ葉っぱ柄の壁紙に。

2 クリスマスはリビングでパーティー！ 右手奥にはフォーマルなダイニングがあります。

どこか
ノスタルジックで、
心和むインテリア。
（探偵）

3 ナチュラルな木の家具に、パステルカラーがよく合います。

隣の家のお庭でお茶タイム。隣のおばあさんの住む家のインテリアがまた可愛い！

24

高級ビーチリゾートに建つ家

［リベンジ］

探偵（以下・探）：今回は、ニューヨーク郊外にある超高級ビーチリゾート地、ハンプトンが舞台のドラマ『リベンジ』を取り上げます。

イエ子（以下・イ）：ビーチスタイルや華やかなパーティーのファッションなど、ライフスタイルも気になるところがいっぱい。

探：ストーリーは、主人公エミリーが、無実の罪で死んだ父のために復讐していくというサスペンスもの。エミリーの住むビーチ沿いの豪邸を、さっそく見ていきましょう。

階段を囲むLDK

探：ひとり暮らしのエミリーは、とても贅沢な使い方をしています。1階は壁や間仕切りがない広いスペースを、用途ごとに家具を配置して使っていますね。真ん中には階段があり、2階にはベッドルーム。

イ：大人数のパーティーができるほど広いですね。

探：そうそう、リビングとダイニングの間にも玄関がありますが、これはビーチに出られる裏の玄関のようです。こちらの方が、頻繁に人が出

ストーリー紹介

『リベンジ』

幼い頃に父と暮らしていたハンプトンの海辺の家を買い戻し、他人を装って暮らし始めるエミリー。父親を無実の罪に陥れたビクトリアのファミリーに近づき、復讐の計画を進めていく……というサスペンスドラマ。不動産価格が全米一高いと言われる避暑地、ハンプトンならではのハイエンドなインテリアやファッションが楽しめます。観ているだけでセレブ気分が味わえるドラマです♪

エミリー　ビクトリア

[間取りとインテリア]

正面玄関の左手にキッチン、その奥にダイニングがあります。 右手は暖炉があるリビングで、その奥にもリビングが続いています。

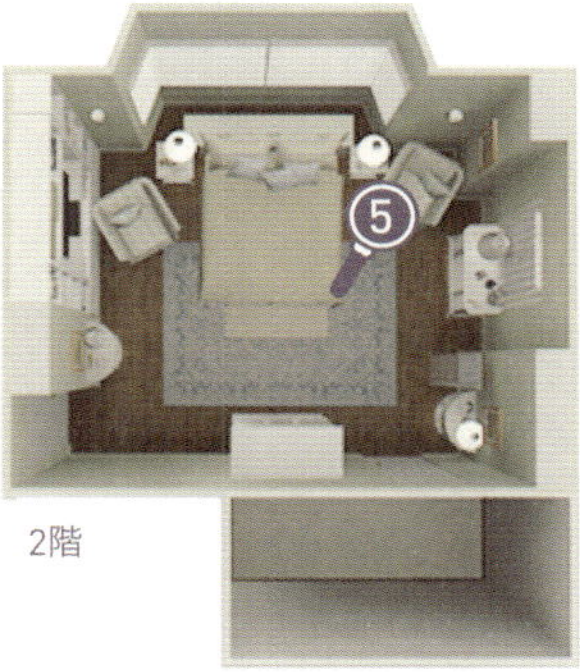

2階

1階

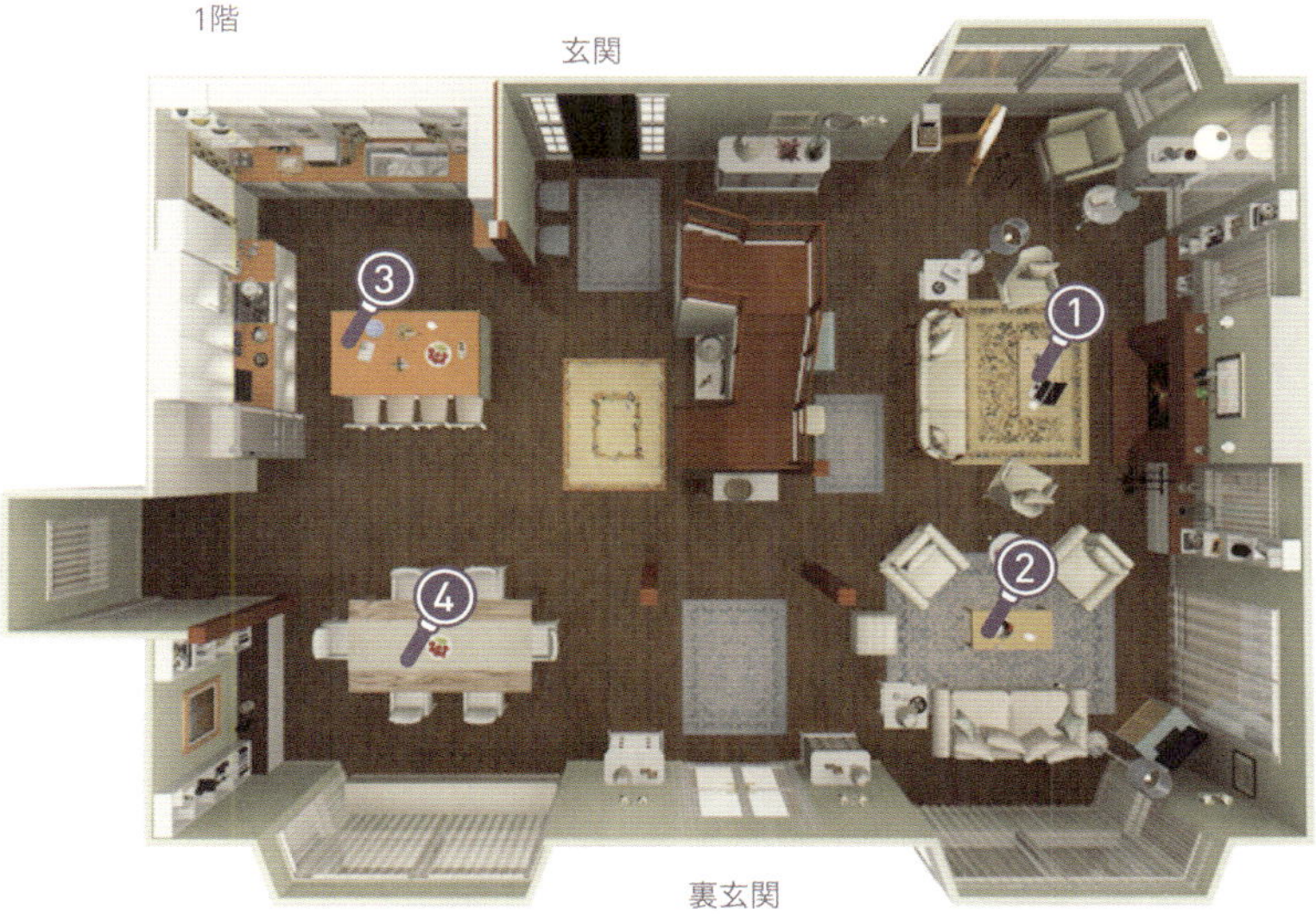

1 シャビーシックなテイストのリビング。

高級住宅地ハンプトンの海と緑に囲まれた理想的なロケーション。

入りしていますけど。

リビングが二つ?

探:1階右手側はすべてリビングスペース! 奥行のある空間を、真ん中で区切ってリビングが2つあるみたいに使っていますね。

印象的なのが、木製の大きな暖炉。夏のシーンが多いドラマですが、とても存在感があります。

家具類はちょっと使い古されたようなシャビーシックな風合いで、そこにサンゴのランプや、キャンドル、花柄のクッションなどで女性らしさがプラスされています。色は主に、ホワイトとパステルブルーでコーディネートされていて、海辺の家にぴったりですね。

イ:ファブリックや壁の薄いグリーンが、おさえ気味のカラーで可愛い!

部屋になじむ木のカウンター付きキッチン

探:次はキッチン。これもまた広くて豪華! L型に置かれたキッチンと、正面に大きなカウンターがあります。カウンターのテーブル部分は木製になっていて、ナチュラルな部屋の雰囲気にぴったり。

イ:それにしても向こうの人はカウンターが好きですね。

フェミニンなベッドルーム

探:最後は、2階のベッドルーム。全体的に、1階よりもよりフェミニンなコーディネートです。ホワイトのアイアンのベッドに、パステルブルーのファブリック、ベッドの両脇に置かれた大きなランプなど、どれもこれもエレガントでうっとり。

イ:女性は憧れること間違いなしの部屋ですね。

2 家全体が、ビーチスタイルに合ったナチュラルなインテリアに。

3 キッチンのカウンターは木の質感がポイント。

お隣の家もお城と見まごうような豪邸です。

中央の階段の右側にリビング、左側にはキッチンとダイニングがあります。

④

キッチン奥にはダイニングが。あまり登場しませんが、壁側にある収納のディスプレイも素敵です。

ホワイトとパステルブルーのコーディネートは海辺の家にぴったり。

（探偵）

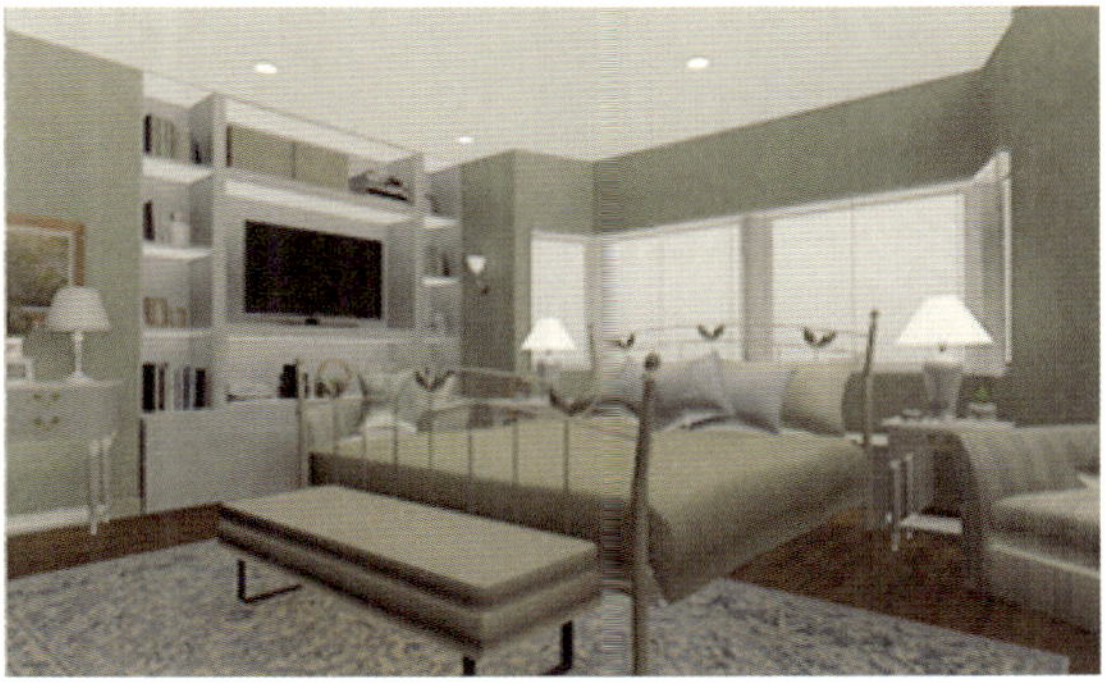

⑤

女性らしいテイストでまとめた寝室もお見逃しなく！

25

白を基調としたエレガントな家

映画［セックス・アンド・ザ・シティ］

探偵（以下・探）：今回は、以前取り上げた大人気ドラマ『セックス・アンド・ザ・シティ』の映画版から、シャーロットの部屋を紹介します！一人暮らしのキャリーの部屋に負けず劣らず、シャーロットの上品なお嬢様テイストの部屋も人気があるんですよね。

イエ子（以下・イ）：ええ、たくさんリクエストいただきました。シャーロットの部屋もキャリーの部屋も、映画では内装がバージョンアップ！シャーロットの家には子供部屋がつくられています。

探：場所は、ニューヨークでも高級住宅街として有名なアッパー・イースト・サイド。『ゴシップガール』もこの地域が舞台でしたよね。シャーロットが住んでいるのは、ドアマン付で専用エレベーターもある、広くて豪華なアパートメント。

イ：映画版でキャリーが住んでいるアパートにもドアマンがいましたね。

探：完璧主義な性格のシャーロットは、部屋にもかなりのこだわりがあるようです。さっそく、くわしく見ていきましょう。

ストーリー紹介

映画［セックス・アンド・ザ・シティ］

映画版も、ドラマシリーズと同様に大ヒット。今回取り上げたシャーロットの部屋はもちろん、イメージチェンジした主人公キャリーの部屋、ミランダが引っ越した戸建て住宅、ロスで暮らすサマンサの家……などなど、おしゃれなインテリアやファッションの見ごたえもさらにパワーアップしています♪

[間取りとインテリア]

高級住宅街のアパート。これ以外にもバスルームがいくつか、ゲストルームもあると思います。

① 手前の玄関を開けるとこの廊下に。その奥にホールがあります。

白とブラウンを基調とした上品でエレガントなコーディネート。
（探偵）

一部屋ずつ仕切られた間取り

探：部屋は、実際には何部屋あるかわからないくらい多そうです。ですから、だいたいこんな間取りになっていると思っていただければ。

イ：とてもすべての部屋は把握できませんね。

探：玄関を入って進むと、間取りのほぼ中央に位置する広いホールが。そこから各部屋に行けるようになっています。

イ：ドラマ版を観ているときから、この丸テーブルが置かれたホールが素敵だなと思ってました。

探：間取りは、一部屋一部屋ちゃんと仕切られていて、そこですることの目的が明確になっている感じです。

リビング&子供部屋

イ：では、さっそくリビングから。

探：家具はクラシックなものでまとめ、白とブラウンを基調とした上品でエレガントなコーディネートになっています。

家具が少なくシンプルなんですが、サイドテーブルのゴールドのデスクランプや大きな絵画、部屋のあちこちに置かれたフラワーアレンジメントが部屋のアクセントになっています。きっと、一つ一つ厳選して選んだ家具や調度品なんでしょうね。

イ：シャーロットの「きっちり」した性格がわかるインテリアですね。

探：リビング奥にも部屋が続いていますが、なんとここに、有名なイサム・ノグチのコーヒーテーブルが置かれています！ エレガントな部屋にも素敵になじんでいますよね。

広々したコの字型のキッチン

イ：さて次はキッチン。

探：一番印象に残るのが、このキッチンではないでしょうか？ 真っ白

② 丸テーブルの置かれたホールが間取りの中心に。

ダイニングから見た書斎。こちらも白で統一した上品な部屋。

3 クラシックな家具でまとめたリビング。奥の部屋にはイサム・ノグチのコーヒーテーブルが。

要人をお迎えできそうなくらいフォーマルなインテリアですね。
（イエ子）

4 真っ白な広々したキッチン。

5 ピンクが基調の子供部屋。小さいベッドやソファのまわりにたくさんおもちゃが並んでいます。

で、大きなL型の贅沢なキッチンに、カウンターもあります。そして、隣には食材をたくさん保管しているストックルームまで！

イ：ここで誕生日用にピンクでデコレーションしたカップケーキをつくってましたね。こんなキッチンで料理したいです。

ダイニング＆書斎

イ：その隣は、大人数でパーティーもできる、とっても広いダイニングルームがありますね。

探：クラシックなダイニングテーブルとチェア、そして大きな飾り棚が置いてあります。その奥の部屋には、ディスプレイのようにきれいにセッティングされたデスクが。夫のハリーが仕事で使うこともあるようで、書斎みたいですね。

イ：こういうデスクが他にもありますね。画廊で勤めていたこともある、勉強好きなシャーロットらしいです。

リビングより広い寝室？

探：最後は、リビングよりも広いと思われるベッドルーム。こちらも白と茶色を基調として、そこに上品な柄の壁紙がアクセントになっています。ちょっとしたサイドテーブルとチェアを置いたコーナーや、デスクなんかもあって、まるでホテルのようですね。

イ：いやはや、それにしてもフォーマルなインテリアでしたね！ 要人をお迎えできそうなぐらい……。

6 グリーン柄の壁紙に白を基調としたインテリアで寝室もエレガントな印象に。

こちらは映画バージョンのキャリーの部屋。ブルーの壁がおしゃれ！

column ヤマサキタツヤのイラストコラム② アメリカン・ホラー・ストーリー

『glee/グリー』の製作者コンビによる、エロスとバイオレンスの限界に挑むホラーシリーズ。呪われた館に引っ越してきた一家が次々と不思議な事件に巻き込まれて……。女性でも楽しめるホラーを意識したというエロティックかつスタイリッシュな映像が魅力！

26

仲良し親子の楽しい間取り

[ギルモア・ガールズ]

探偵（以下・探）：今回は、アメリカの小さな田舎町を舞台にしたドラマ『ギルモア・ガールズ』を取り上げます。アメリカでは国民的人気を誇った長寿ドラマとして知られていますが、イエ子さんも大好きなんですよね。

イエ子（以下・イ）：はい！ 全シーズン、全エピソード観ました。

探：主人公のローレライは、16歳で娘ローリーを出産したシングルマザー。女手一つで育ててきたので、友達みたいな母娘関係ですね。

イ：子供は性格も頭も良くて、お母さんはおてんばなんです。

探：そんなギルモア家は、水色の可愛らしい一軒家に二人で暮らしています。玄関を入ると左にリビング、右はダイニングキッチンがあり、その手前に娘ローリーの部屋。キッチンの隣に子供部屋というのは珍しいですね。

イ：そうなんです。普通は2階が多いですよね。

探：2階には母ローレライのベッドルームとバスルームがあります。2人家族には十分大きなおうちですね。

ストーリー紹介

[ギルモア・ガールズ]

厳格な家で育ったローレライは16歳未婚で、子どもを出産。両親からはほとんど勘当状態で、ローリーを育ててきた……ローリーが16歳から、大学卒業まで続くファミリードラマです。それぞれに夢を持つ親子に楽しい町の住人が加わって、毎回笑いがいっぱい♪ 建物やお店、すべてアンティーク＆ジャンクスタイルのインテリアが楽しめます。

[間取りとインテリア]

玄関

玄関ドアを開けると、リビング側とキッチン側の二つの開口があります。キッチンを通って子供部屋に入るという、ちょっと不思議な間取りです。

玄関の前に庭が広がる、可愛らしい家。

1 親子2人暮らしには十分な広さのリビング。

家庭的で
温かみのある
インテリア。
(探偵)

落ち着いた雰囲気のリビング

探：リビングは、大きな暖炉にゆったりとしたソファ、使い込んだ風合いの家具、花柄シェードのランプなど、家庭的で温かみのあるインテリアです。

イ：ひとつひとつに思い出がありそうな品ばかり。

探：薄いイエローの壁紙や、クッションカバーやシェードの落ち着いた赤が、なんだか田舎のおばあちゃんの家に遊びにきたみたい。

円卓を中心とした キッチン・ダイニング

探：次は、広々したダイニング・キッチンです。ローレライが料理している姿はあまり記憶にないんですが。

イ：町中のお店で3食すませていますね。カフェで朝ご飯も晩ご飯も。

探：ただ、コーヒー中毒なので、コーヒーメーカーは必須！

イ：お料理しないのに、結構広いですね。

探：真ん中に円卓のダイニングテーブルがあって、そこで雑誌を見たり、ローリーが勉強したりと、食事だけではなくいろいろな使い方をしています。

勉強好きな子供の部屋

探：しっかり者で成績優秀なローリーですが、部屋は学生らしく雑然としています。

イ：ベッドにデスク、一人掛けソファにチェストやクローゼットなど、家具がどれも可愛い。

探：ぬいぐるみが置いてあったり、子供っぽさも残りますね。

イ：にぎやか親子の楽しい家の間取りがわかって、大満足です！ もう一度ドラマも観直したくなりました。

ローレライの実家は豪邸です。里帰りすると、メイドが玄関でコートを預かり、応接コーナーで食前酒、ダイニングでディナーというハイソなライフスタイル。

仲良しオーナーが経営するカフェ。ここのコーヒーが親子の一番のお気に入り。

② ダイニングテーブルは親子のコミュニケーションの場でもあります。

スターズホローという架空の町の広場。小さな町なので、みんな家族のよう。

家具の
ひとつひとつに
思い出がありそう。
(イエ子)

③ ちょっぴり子供らしさも残るローリーの部屋。

27

癒しのセラピールームのある家

[ダニーのサクセスセラピー]

探偵（以下・探）： 今回は、高級住宅地として知られるニューヨーク州ロングアイランドが舞台のドラマ、『ダニーのサクセスセラピー』を取り上げます！

イエ子（以下・イ）： 心理療法士《セラピスト》として働く主人公のダニーが、夫の浮気が原因で離婚し、新しい人生をスタートさせるというストーリーです。

探： セラピールームもある、ユニークなダニーの家を見ていきましょう。

セラピールームは裏口から

探： 自然豊かな環境に建てられた、大きな一軒家。1階にはダイニング、キッチン、リビングが並びます。

イ： キッチンが間取りの中央にあるところが面白いですね。人の目に良く触れるので、いつもきれいにしておかないといけませんが……。

探： セラピールームはキッチンの奥に。裏口から直接入れるようになっていて、患者さんはそこから通されます。プライバシーを確保したつくりなんですね。玄関入ってすぐのところには、来客用にフォーマルなリビングがあります。

ストーリー紹介

[ダニーのサクセスセラピー]

自宅でカウンセリングを行う心理学博士ダニー。離婚し、思春期の子どもと住宅ローンを抱えるなか、素行の悪さで有名なアメフトのスター選手をカウンセリングするというビッグなオファーが舞い込んで……。母親業とタフな仕事に奮闘する女性が主役のヒューマンドラマ。アメフトをはじめいろいろな業界の裏側がのぞけるのも魅力の一つです。

心理学博士のダニー　ニューヨークホークスのトレーナーのマシュー

[間取りとインテリア]

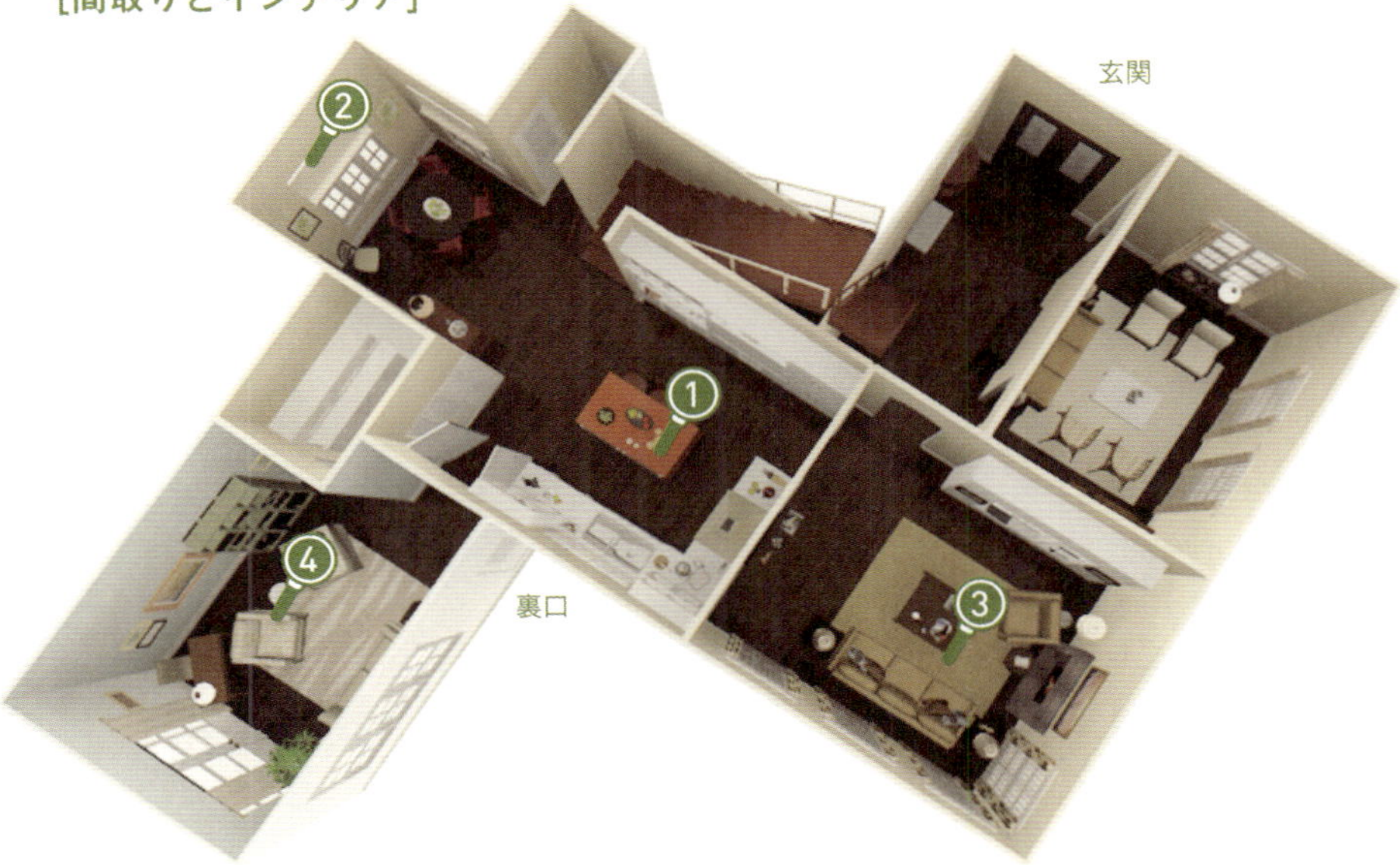

探：階段は2か所あり、2階にはベッドルームと子供たちの部屋、ゲストルームもあります。

一つ一つの部屋が広く、天井も高くて解放感たっぷり。窓から木々がのぞく、自然に囲まれた家です。

① 白いタイルと白い壁面収納で囲まれたキッチン。奥にダイニングスペースが見えます。

キッチンが間取りの中央にあるところが面白いですね。
（イエ子）

カウンターを囲むキッチン

探：一番よく登場するのがキッチン。L型のキッチンの前にカウンターが置かれた、アメリカではよく見る形ですね。以前取り上げた『THE OC』とよく似ています。

イ：カウンターでは朝食を食べたり、ダニーが友達とワインを飲んだり、カジュアルに使っていますね。

探：つくり付けの天井まである食器棚にパントリールームまで、収納がたっぷり。

イ：その分、家具が少なくてすっきりしているのがいいですね。このキッチンなら人に見られても大丈夫。

探：キッチンの奥には、ちょっとしたダイニングルームがあります。真っ赤なダイニングチェアに大きなペンダントライトは、キッチンから見てもアクセントになっています。

茶系でまとめたリビング

探：暖炉の上に大きな家族写真が飾られているリビングは、茶系コーディネートしています。たっぷり収納もできる真っ白なテレビボードに、クッションやカーテンでインパクトのある柄を加え、地味すぎないのがダニー流かもしれません。

癒しのセラピールーム

探：一番の見どころはセラピールーム。患者さんがリラックスして悩みを話せるように、シンプルで温かみのある空間になっています。窓が多く家具も少ないので、テラスルームのような印象。

イ：ダニーが座る一人掛けチェアの、丸味のあるデザインと上品な花柄の生地が素敵ですね。今回は、一風変わった部屋の配置などが勉強になりました。

有名アメフト選手のカウンセリングを引き受けるダニー。チームのオフィスもおしゃれなインテリアです。

思春期真っ盛りの子供たちと過ごすリビング。茶系のファブリックを組み合わせて。

② 意外に小さなダイニングは、鮮やかな赤がインテリアのポイントです。

③ 玄関を入ってすぐ前にあるリビングルーム。キッチン同様、大きな壁面収納があります。

セラピールームは
患者さんがリラックスして話せるよう、
シンプルで温かみのある空間に。
（探偵）

④ あまり殺風景すぎず、大人の女性らしい落ち着いたインテリアのセラピー・ルーム。

28

フロリダのモダン・アパート

［デクスター］

探偵（以下・探）：今回は、マイアミが舞台のサスペンスドラマ『デクスター』を取り上げます。

イエ子（以下・イ）：主人公のデクスターは、マイアミ警察殺人課の血痕鑑識官。しかし裏の顔は、幼少期のトラウマから殺人願望を抑えきれないシリアル・キラー！

探：二つの顔をもつデクスターはどんなに怖ろしげな家に住んでいるのか……と思いきや、これがなんと、モダンでおしゃれなんです。

回遊できる部屋の配置

探：デクスターが住んでいるのは、マイアミのビーチ沿いにあるコンドミニアムです。間取りがちょっと変わっていて、玄関入ると目の前にキッチンがあります。そこから書斎、リビング、バスルーム、ベッドルームと、ぐるっと回遊できるつくりになっていますね。

イ：寝室からもリビングからもバスルームに行けて、便利ですね。普通はダイニングかな？というところに書斎が置かれているのも面白いです。

ストーリー紹介

［デクスター］

マイアミ警察の鑑識課に勤めるデクスターは、実は凶悪犯のみをターゲットにするシリアルキラー。秘密を知っているのは刑事の養父だけで、警察官の妹や同僚にとっては優しい兄であり仕事仲間です。目立たず周囲に溶け込んでいるものの、いつ正体がバレるのか、はたまたデクスターの前に現れた新たな殺人鬼の目的は……などなど、ドキドキハラハラのサスペンスドラマです。

[間取りとインテリア]

玄関

用途ごとに分かれていますが、ベッドルーム以外は壁がなく、広いワンルームとして使っています。

海と椰子の木がよく似合う外観。

モーテルを思わせるつくりの、おしゃれなコンドミニアム。
(探偵)

1 玄関を入って、書斎を通りすぎたところ。左手に曲がると洗面所・トイレがあります。

スタイリッシュな男のキッチン

探：玄関を入ると、目の前にL型のキッチンがあります。色味はホワイト×ブラックで統一されて、小さいながらも機能的で洗練された印象。

イ：調理台も吊り戸棚もたっぷりで、1人や2人暮らしなら、食器棚が要らないですね。タイルもおしゃれ。

探：男性の自宅のキッチンがこんな感じだったら、料理している姿もかっこよく見えそう。

秘密の書斎

探：キッチンの隣には書斎があります。デスクを窓側に斜めに置き、L型の大きなシェルフで上手くリビングと仕切っていますね。

イ：これまた面白い。斜めに柱が通っている……。

探：シェルフは背板がないオープンタイプなので、リビング側からも見えるようになっています。本や小物を並べて、ディスプレイとしても楽しんでいるよう。

イ：デクスターにとって大切なコーナーですよね。

探：ここではある秘密のコレクションをしているのですが、それを意外なところに隠しているので、ぜひドラマでチェックしてみてください。

意外におしゃれ？なリビング

探：書斎の奥はリビング。そんなに家具は多くありませんが、『ゴシップガール』のセリーナの家にもあった、デザイナーズ家具のチャーナーアームチェアが何気なく置かれていたり、絵画が飾られていたり、なかなかおしゃれです。

イ：確かに。それにしても、本当に普通の人の家ですね。秘密の隠し場所以外は。これも世間の目をあざむく手段なのかもしれません！

秘密の隠し場所にしまってある、デクスターの大切なコレクション。このコレクションボックスのレプリカがドラマのファンに人気だとか。

② キッチンの壁にはモザイクタイルが貼られてアクセントに。

マイアミ警察で鑑識の仕事をするデクスター。仕事もプライベートも几帳面なのは同じ。

モノトーンで
統一された
キッチンは機能的で
洗練された印象。
（探偵）

すっきりとしたインテリアのリビング。

③ 仕切りを兼ねた書斎のシェルフは、背板がないオープンタイプ。

29 不思議とおしゃれなギークなリビング

［ビッグバン★セオリー／ギークな僕らの恋愛法則］

探偵（以下・探）：今回は、LAが舞台のコメディドラマ『ビッグバン★セオリー』を取り上げます。全米視聴率No.1を獲得したこともある、ロングランの大ヒットシリーズです。

イエ子（以下・イ）：リクエストもたくさんいただいていました！ 以前取り上げた『フレンズ』や『ダーマ&グレッグ』と同じ、観客の笑い声も入るシットコム（シチュエーション・コメディ）ですね。

探：主人公は物理学者でオタクのレナードとシェルドン、そして女優になる夢を持っているペニー。レナードとシェルドンがルームシェアする部屋の向かいに、ペニーが引っ越してくるところから話は始まります。一見共通点のなさそうな彼らですが、ペニーのおおらかで明るい性格もあり、いつしかお互いの部屋を行き来するぐらい仲良しに。

イ：副題が「ギークなボクらの恋愛法則」というぐらいですから、普通の恋愛コメディではありません。

探：オタクならではのまったくかみ合わない会話や、個性的すぎる濃いキャラクターがとにかく楽しいんです！

イ：私も大好きなドラマです。今

ストーリー紹介

［ビッグバン★セオリー］

エミー賞、ゴールデングローブ賞などを次々と受賞し、全米で視聴率ナンバーワンも記録した、世界中で放映されている超人気シリーズ。天才物理学者のレナードと、11歳で大学に入学した「ひも理論」が専門のシェルドン。IQは驚異的に高いが世間とはズレているオタク男子2人とその仲間、キュートな隣人の女の子が繰り広げる大爆笑コメディ。スティーブン・ホーキング博士など、著名人が本人役で出演することも！

［間取りとインテリア］

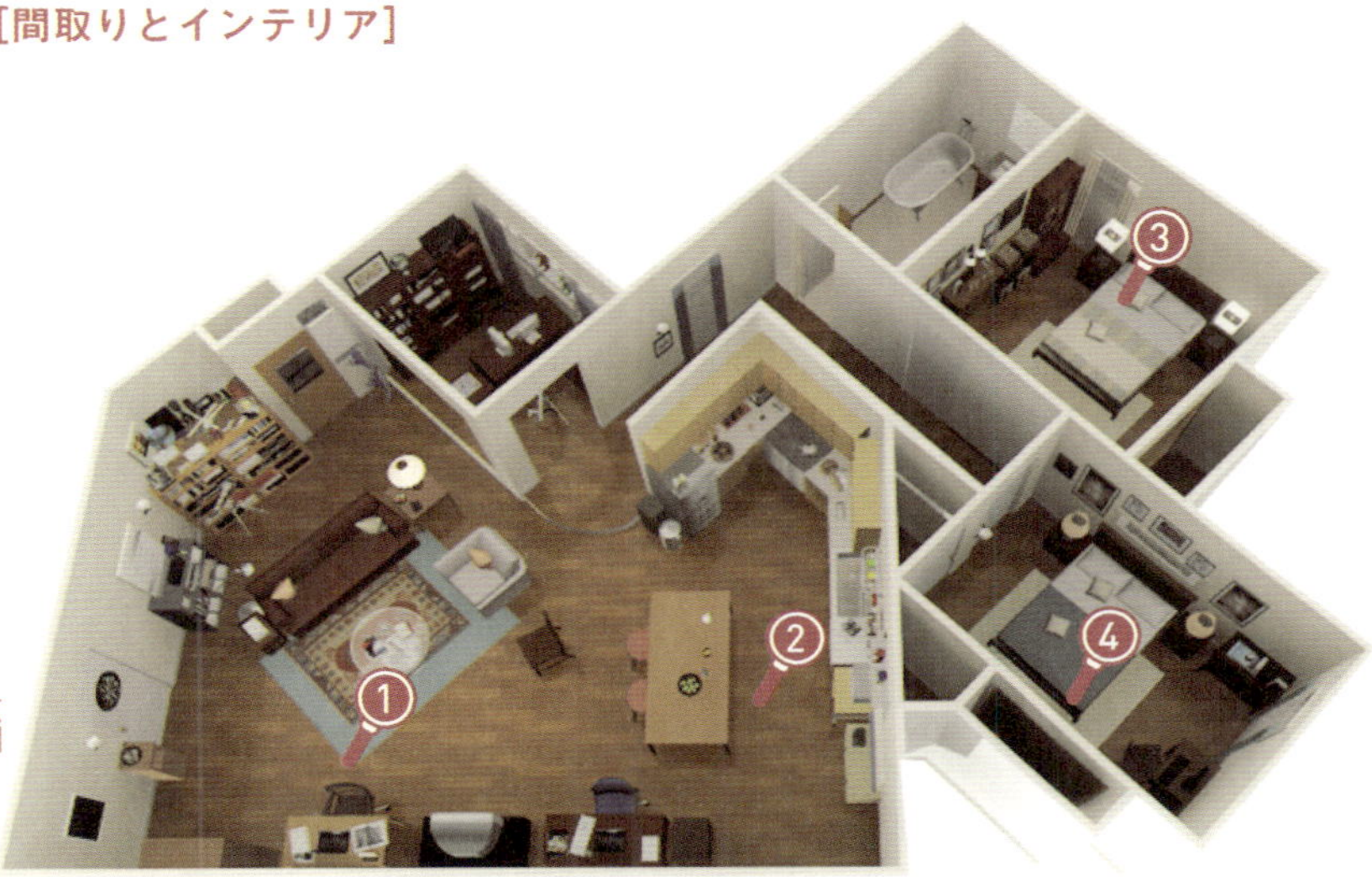

玄関

探：2人が住んでいるのは、LA郊外にあるパサデナのアパート。職場のカルフォルニア工科大学には車で通っています。

ギークな仲間二人。ほとんど主役級の登場人物です。アクの強いキャラばかり！

1 部屋の隅々にまで、2人の個性があふれています。

観客の前で演じるドラマなので、面白い間取りになっていますね。
（探偵）

回取り上げるのは、ペニーの可愛い部屋？ それとも主人公2人の部屋でしょうか？

探：今回はレナードとシェルドンの部屋を読み解きました。ギークな2人はどんな変わった部屋に住んでいるのか、詳しく見ていきましょう！

シットコムならではの間取り？

探：観客の前で演じるドラマなので、面白い間取りになっていますね。

イ：そういうことでしたか！ ヘンな形だなぁと思っていました。

探：玄関を入ると、リビング、そして奥にはキッチンがあります。廊下を抜けるとバスルームがあり、その奥にシェルドンとレナードの部屋があります。

イ：この家もアメリカのドラマによくある、玄関開けたらすぐリビング、という間取りですね。そして、リビングは物がいっぱい（笑）。

探：部屋の中には、本棚や、物理学の数式が書かれたホワイトボード、ゲームやフィギュア、アニメのポスターなど、2人が好きなアイテムが所狭しと置かれています。これが結構面白くて、2人のキャラクターがよく出ているんですよね。

変わった形のリビング＆キッチン

探：変わり者のシェルドンは、自分だけのおかしなルールを持っています。ソファに座る位置だとか、曜日によって食べるものや行くところが決まっていたりとか。そんな彼と同居しているレナードは、時にはケンカもしますが、寝る時以外はいつもリビングにいて、結構仲良くやっているようです。

イ：職場の同僚で、同じくオタクなハワードとラージもいつも入り浸ってますよね。そこにペニーも加わり、

玄関から見たところ。右手がキッチン、左手奥に書斎。真ん中の廊下を進むとバスルームがあります。左手のドアはおそらく納戸ではないでしょうか。

テイクアウトしてみんなで食事するシーンが多い。革張りの使い込んだソファがいい味を出しています。

みんなが集まる、
とにかく毎日
にぎやかな部屋！
（イエ子）

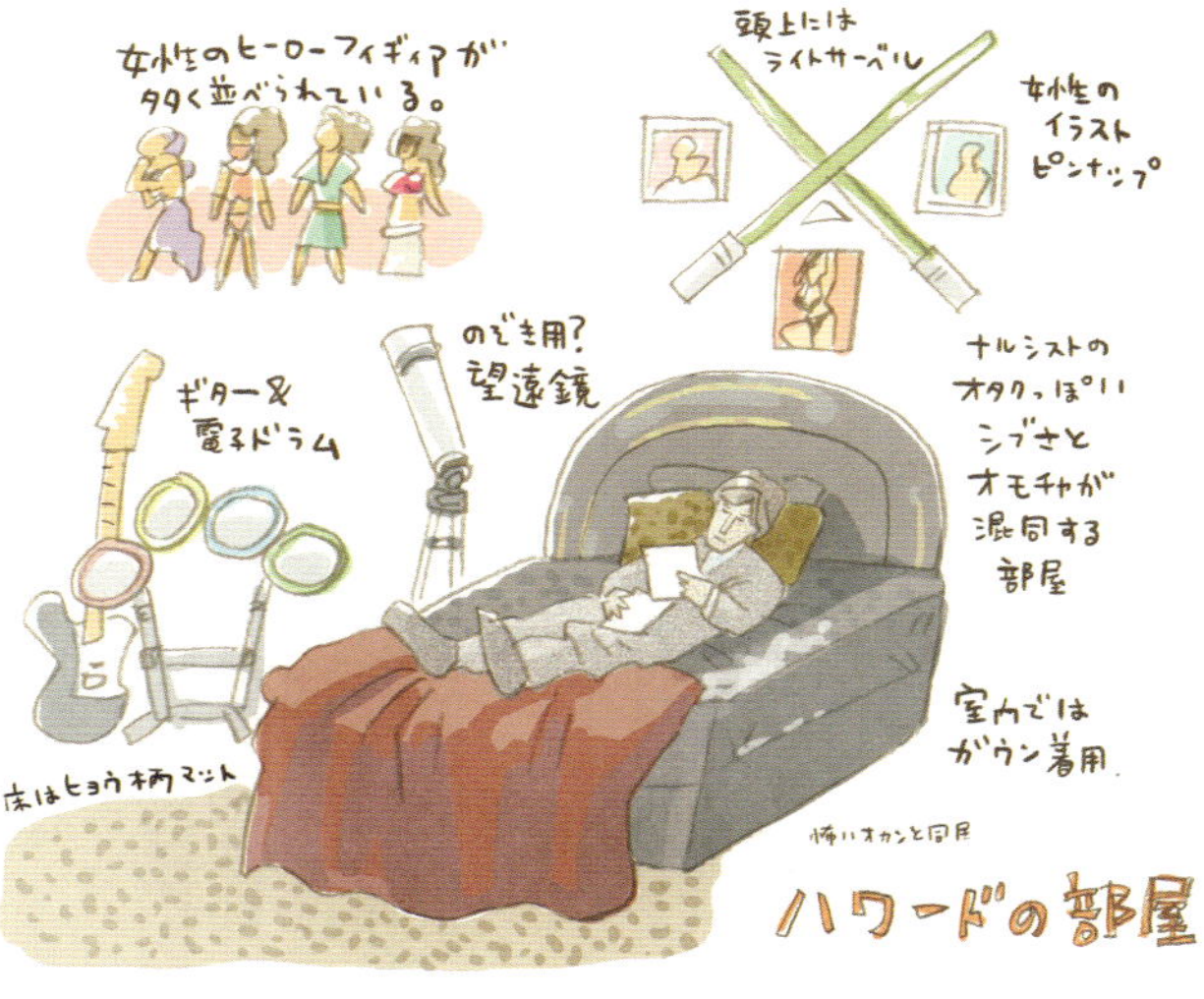

ハワードの部屋もかなり個性的。ひとつひとつのグッズに注目しながら観るのも面白いかも。

とにかく毎日にぎやか。

探：部屋の主役は、大きな茶色の革張りのソファ。ここに座ってテイクアウトのご飯を食べたり、ゲームをしたり話したり。

面白いのが、自分の部屋にも置けるのに、あえてリビングに2人のデスクが並んで置かれているところ。皮肉を言い合いながらも、お互いが気になるのでしょうね。

また、リビングの奥には一段段差があり、ちょっとした書斎のようなスペースもあります。望遠鏡が置かれているので、ここでも研究しているのかもしれませんね。

イ：物理学者ですからね。それに、もちろんいろんな難しい本もたくさんある……はずですが、フィギュアもある……。

探：リビングの右には、変形した壁に沿って、キッチンと大きなカウンターがあります。

部屋全体はごちゃごちゃとしていますが、意外と片付いています。家具などもナチュラルで温かみがあり、遊びに来たくなる部屋ですね。

個室もやっぱり趣味が全開

探：あまり登場しませんが、部屋の奥にはレナードとシェルドンの寝室があります。

イ：あんまり見た覚えがありません……。どんなお部屋だったでしょうか。

探：2人とも似たような部屋ですが、家具はベッドに本棚やチェスト、そしてクローゼットには洋服など自分のプライベートなものを置いています。ただ、やはりコミックのポスターを壁にいっぱい飾ったりと、少し成長した子供部屋という感じでしょうか(笑)。

イ：その表現、いいですね。まさに大人な子供部屋。

②意外に大きなキッチン。面白い形をしています。

同じアパートにあるペニーの部屋も必見です♪たくさんあるインテリア小物が可愛い。

3

シェルドンの個室も性格がよく出ています。

4

こちらもギーク風味のレナードの部屋。

30 面白い窓のあるアパート

映画「プラダを着た悪魔」

探偵（以下・探）：今回は、女性に大人気の映画『プラダを着た悪魔』を取り上げます。

イエ子（以下・イ）：私も大好きな映画です！ 舞台はニューヨーク、ジャーナリストを目指すアンディが、一流ファッション誌のカリスマ編集長ミランダのアシスタントとして働くというお話。

探：ゴージャスなファッションやおしゃれなオフィスにうっとり。ではさっそく、頑張り屋のアンディの家を見ていきましょう。

イ：ニューヨークに住む、あまりお金のない？若者のお部屋、楽しみです。

探：アンディはシェフをしている恋人のネイトと同棲中。若いカップルらしい、ちょっと古くて狭いアパートに2人で暮らしています。二人暮らしにはちょうどいい1LDKですね。部屋のインテリアも、ワイヤーのラックを使っていたり、お手頃なものを集めたような感じで、リアリティがあります。

イ：確かにミランダのオフィスとは大違い……。

ストーリー紹介

映画［プラダを着た悪魔］

「悪魔」のような編集長（メリル・ストリープ）のアシスタントに採用され成長していく、ジャーナリスト志望の若い女性（アン・ハサウェイ）のお話。原作の著者は実際に『ヴォーグ』の編集長アシスタントをしていたらしく、細かなところまでリアリティたっぷり。頑張り屋の主人公アンディに共感できるだけでなく、華やかなファッション雑誌の世界に触れられるのも魅力です♪

[間取りとインテリア]

玄関を入ってすぐにキッチン・ダイニング。
右手に寝室のドアがあります。

部屋の内装が古いので、ちょっとアトリエのような雰囲気。
（探偵）

丸型のダイニングテーブルの上からは可愛いペンダントライトが。

生活感あふれるキッチン・ダイニング

探：玄関を入るとすぐにダイニングキッチンがあります。キッチン自体は小さくて、少し使い勝手が悪そうですが、壁に調理器具を引っ掛けたりして工夫しています。

イ：恋人のネイトはシェフなので、よく料理しているシーンがありましたね。

探：アンディよりも、ネイトの居場所みたいな感じがしますね。

本がぎっしりのリビング

探：ダイニングキッチンの隣にはリビング。壁がなくオープンなので、広く感じます。家具は普通ですが、レトロな暖炉に間接照明、壁に掛けられた絵画が部屋をセンスよく見せています。ソファの後ろの壁いっぱいには本棚があって、本がぎっしり。ジャーナリストを目指すアンディの本なんでしょうね。

キッチンがのぞける部屋

イ：最後はベッドルームですね。

探：一番印象的なのが、ダイニングキッチンとベッドルームの壁にある窓！ 窓を開けることで、半テラスのような感じになって素敵です。

イ：このアイデアはあまり日本で見ないですね。部屋が広く見えていいかも。

探：外に面する窓が少ないので、少しでも光を取り入れるためかもしれません。またベッドの壁には棚が取り付けられていて、本や写真などを飾ったり。狭い部屋を上手く使うアイデアがいっぱいです！

イ：今まででいちばん、これなら真似できそう……と思ったお部屋でした。

ファッションディレクターのナイジェルのアドバイスにより
これでも十分イケてる。
変身!!
ポカーン
それまでアンドレアの服装をバカにしていた同僚。

オフィスも社員のファッションも華やか！

「完璧」なミランダのオフィス。フォーマルなインテリアのお手本になりそうです。

②キッチン・ダイニングと間仕切りなしのリビング。

狭い部屋を上手く使うアイデアがいっぱいです。
（探偵）

③ベッドルームの壁に窓を開けることで開放的に。

31

LDKに階段のある家

[私はラブリーガル]

探偵（以下・探）：今回は、ロサンゼルスが舞台のドラマ『私はラブリーガル』を取り上げます。

イエ子（以下・イ）：モデルのデビーが交通事故で亡くなり、同じ瞬間に銃で撃たれた弁護士ジェーンの肉体に入り生き返ってしまうというお話。

探：こういう設定、日本のドラマでもたまにありますね。

イ：そうですね。今までの人生とはまったく無縁の外見と職業になってしまうところがポイントです。

探：主人公のジェーンは親友ステイシーと一緒に暮らし始めるのですが、これがとっても面白い構造の家なんです。

LDKを段差で区分け

探：上から見るとごく普通の間取りのようですが、なんと玄関を入ってリビング、キッチン、そして奥のダイニングに向かってどんどん床が高くなっています！ 壁が少なく、ワンルームのように広々していますが、段差を付けることによってスペースを分けているんです。結構高低差があるので、一番高いダイニングから

ストーリー紹介

[私はラブリーガル]

交通事故死したデビーは、弁護士ジェーンの肉体に入り生き返る。心はモデル、頭脳は弁護士という複雑な設定をブロードウェイ出身の女優、ブルック・エリオットが好演♪ 秘密を知らない元彼と寄りを戻せるのか……！？ とんでもない運命に戸惑いながらも前向きに生きる、チャーミングなジェーンの恋と仕事を描いたハートウォーミング・コメディです。

[間取りとインテリア]

上から見ると普通の間取りですが、
立体的に見ると……。

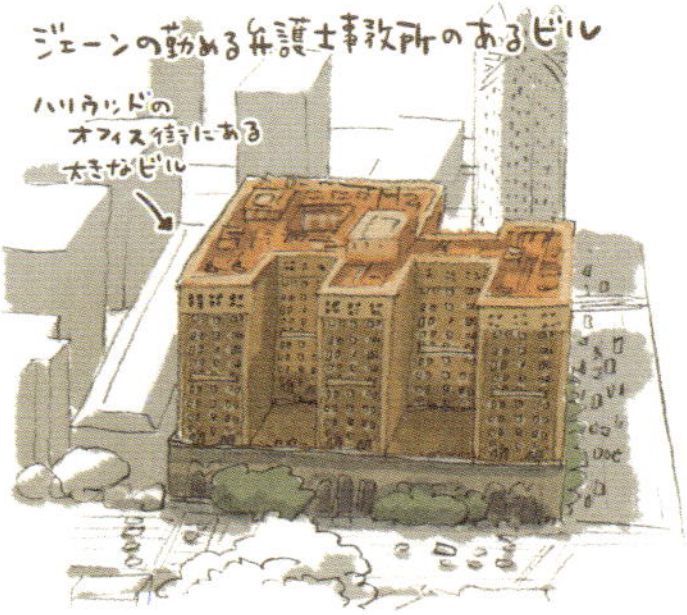

① 右手の階段を上がるとダイニングルーム、左手の階段を下りると個室とバスルームに。

段差を付けることによってスペースを分けているんですね。
（探偵）

玄関を見ると、まるで舞台から見下ろすような光景に。

イ：カラオケパーティーのシーンでそう思いました！ リビングがどの場所からも見えるし、ホームパーティ好きのアメリカ人にはぴったりですね。

探：ただ、ジェーンとステイシーのベッドルームは、しっかり部屋として仕切られています。プライバシーはきちんと確保しているわけですね。

家の中心に
カウンター付きキッチン

探：玄関を入るとすぐにリビングがあります。段差を上がるとキッチン、そして一番奥がダイニングスペースになっています。インテリアはモダンな雰囲気ですが、そこに赤や青のカラーを壁や小物で取り入れて、ぐっとカラフルな印象に。

イ：ジェーンとステイシーの明るい性格にマッチしていますね。それに部屋の中央にあるカウンターキッチンが、部屋全体を見渡せる特等席みたい！

寝室は女性らしいテイストで

探：ジェーンの部屋は、ベッドカバーやラグに薄いブルー、そしてカーテンには明るいグリーン。カラフルだけど落ち着いた色使いです。

イ：海外ドラマに出てくる家は、寝室で個性を出すというのが多いですね。それにしても、あのブルーとグリーンの柄のベッドカバー、どこのブランドか教えてほしい……。

探：ベッドもその横に置かれているデスクランプも、デザインが可愛い！ 一人暮らしの女性には、お部屋づくりのヒントが満載のドラマです。

イ：実は、私の家のＬＤＫも段差があるのですが、狭いのであまり効果を味わえてません……。でも共通点があってうれしかったです！

玄関から家の中を見たところ。奥にダイニング、部屋の中央がキッチン＆カウンターです。

赤や青のアクセントカラーでメリハリを利かせて。（探偵）

2 モダンなインテリアのリビング。

3 グリーンとブルーが基調の、大人可愛い寝室。

キッチンを横から見たところ。奥に冷蔵庫と収納棚があります。ぐるりと回れる対面式で使いやすそう。

32

NYの町なかタウンハウス

[ホワイトカラー](ピーターの家)

探偵（以下・探）：今回は、以前にも取り上げた大人気ドラマ『ホワイトカラー』から。前回は、ニールのおしゃれな「男の隠れ家」でしたが、今回はFBI捜査官ピーターの家を読み解きます。

イエ子（以下・イ）：男女を問わずリクエストの多かった家です！ 新築を検討中の方が参考にされることもあるとか。

探：クライム・サスペンスとはいえ、FBIのオフィスばかりだけでなく、主人公たちの自宅もたくさん出てきますから、やっぱり気になっていた方が多かったんですね。

イ：ニールが勝手に家にやって来たり、妻のエリザベスへのプレゼントに口を出したり、家族ぐるみのつきあいをしている様子が楽しいです。

探：では、さっそく間取りを見ていきましょう。ピーターの家はタウンハウスで、四角い戸建て住宅です。地価の高いNYで一戸建てとは、さすがFBI捜査官！ でも、そんなに大きな家ではなく、リビングダイニングにキッチン、そして2階にベッドルームという、夫婦と愛犬一匹にはちょうどいい大きさです。

ストーリー紹介

[ホワイトカラー]

FBIに捜査協力することを交換条件に刑務所から釈放された天才詐欺師のニール。その知識と頭脳を活かし、NYの知的犯罪（ホワイトカラークライム）を解決していく、スタイリッシュなクライムサスペンス。美術品の盗難や偽造、証券詐欺など、知的犯罪の手口や内幕が垣間見られるのはこのドラマならではです。24ページでは、ニールの家を取り上げています。

[間取りとインテリア]

玄関を入って右手にリビング。まっすぐ進むとキッチンがあります。

一番奥の勝手口から玄関を見たところ。

落ち着いた色調の家具で温かみのある空間に。
（探偵）

イ：コンパクトに、すっきり暮らしていますよね。ちょっとした裏庭があるのも素敵。そういえば、私が観た回の中で、一瞬だけ3階へ上がる階段が映ったんですが……。

探：この先のシーズンで、もしかしたら3階も出てくるかもしれませんね。

珍しい配置の本棚

探：玄関を入ると横にリビングがあります。そのまま仕切りがなくダイニングに続くので、広々とした空間になっています。インテリアは、温かみのあるクラシックな家具に、カーテンやクッションで柄を加え、落ち着いたなかにも家庭的な印象。エリザベスの好みかもしれませんね。

イ：そうですね。イベントプランナーの仕事をしているエリザベスは服もおしゃれで知的な雰囲気。

探：そうそう、LDKの分け方にも注目してください。壁の色をリビングがブルー、ダイニング側をイエローにしているんです。リビングと廊下を、天井まである本棚で仕切っているのもいいアイデア。

イ：壁ではなく、色や家具で仕切るわけですね。

清潔感のある「見せる」キッチン

探：ダイニング横には、スペースをたっぷりとった広いキッチンがあります。軽食が取れるカウンターが使い勝手が良さそう。

イ：ここもまたセンスのいいインテリアですね。

探：ダイニング側からキッチンが丸見えなので、飾ってある食器や家電類は白でコーディネート。キッチンは白でまとめると清潔感があってお勧めです。

イ：なるほど！色を統一するのがポイントですね。色も素材もばっらばらのわが家も真似してみたいです。

バーク夫妻は大の犬好き。
奥さんチョイスの犬柄の靴下を
部下達に
見られる。

バーク捜査官のFBIオフィス
大きな窓が特徴的。
下の階は部下や他のFBIのオフィスが広がり
この部屋から見渡たせる。

①リビングはブルーの壁と落ち着いた色調の家具でまとめて。仕事から帰った2人を癒やす空間です。

本棚は向かい合せに設置。右手の本棚の背面には、服やバッグを掛けられるフック付き。

リビングと廊下を天井まである本棚で仕切っています。（探偵）

②物は少な目に、いつもきれいに片づけられたダイニング。

③白ですっきりコーディネートしたキッチン。

33

男性的なかっこいい女性の家

［リゾーリ&アイルズ］（リゾーリの家）

探偵（以下・探）： 今回は、美人コンビが活躍するドラマ『リゾーリ&アイルズ』を取り上げます！

イエ子（以下・イ）： 男勝りなボストン市警の刑事リゾーリと、おしゃれで才色兼備の検視官アイルズが、凶悪犯罪を次々に解決していくクライムサスペンスですね。

探： 性格もファッションも正反対な2人ですが、仕事の相性は抜群！ 今回は、刑事のリゾーリの家を取り上げます。リゾーリの住むアパートの間取りは、一人暮らしにちょうどいい1LDKです。

イ： 廊下もあって、1LDKでも十分広そう。

探： 現実的で暮らしやすそうな間取りですね。

イ： ゲストルームはないのですが、友人や家族が遊びに来ても余裕のあるキッチンとリビングがいいですね。

茶系でシックにまとめたインテリア

探： 内装やインテリアが、とてもシックでリゾーリらしい。

イ： そうなんです！ おしゃれとか可愛いとかではなく、リゾーリらしい

ストーリー紹介

［リゾーリ&アイルズ］

ボストン市警の女性刑事と検視官が主役のクライムサスペンス。原作はベストセラー作家テス・ジェリッツェンの『外科医』（邦訳は文藝春秋より刊行）とその続編。行動力あふれる熱血刑事リゾーリと、エレガントで冷静沈着なアイルズ、正反対の個性を持つコンビが難事件を解決していくという、ユーモアと軽快さも楽しめる本格犯罪ミステリードラマです。

[間取りとインテリア]

玄関を開けると目の前にリビング。奥にキッチンがあります。広々としたキッチンとリビングの間は、カウンターで間仕切りをしています。

① パープルのソファが印象的なリビング。

一人暮らしには
ちょうどいい
広めの1DKですね。
（探偵）

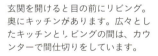

んですよね。

探：家具は茶系でまとめられていて、一見、部屋の主は英国紳士？と思うほど落ち着いたムード。ただ、そこに色や小物類で女性らしさも加わっています。

カウンター付き広々キッチン

探：リビングは、パープルの大きなソファが印象的。壁側にあるデコラティブな暖炉や、部屋のあちこちにあるデスクランプも素敵です。

イ：部屋の隅には、アイルズからもらった亀の水槽もちゃんとありますね！

探：ドラマを観ていていつもうらやましくなるのが、奥にあるキッチン。部屋を取り囲むような、面白い配置になっています。リビング側には対面カウンターもあって、料理をするにも、食事をするにも重宝しそう。

イ：リゾーリが料理をするシーンはありませんが、母親がときどき家に来ては、料理をふるまっていますね。

シンプル＆シックな寝室

探：そんなに頻繁には登場しませんが、リビング横の廊下を挟んでベッドルームがあります。こちらもLDK同様、茶系でまとめられたシックな部屋。家具もいたってシンプルですが、ベッドの両側の大きなランプや、壁にたくさん飾られた絵画がアクセントになって、部屋が寂しくならないようにしています。

イ：ここも落ち着く部屋ですね。でも忙しいリゾーリには、寝て着替えるだけの部屋のよう。

　しかし本当に、キャラクターのイメージにぴったりのお部屋でしたね。さて、そうなると……おしゃれ大好きなアイルズの部屋がとても気になります！

探：では、次回はアイルズの部屋にしましょう。

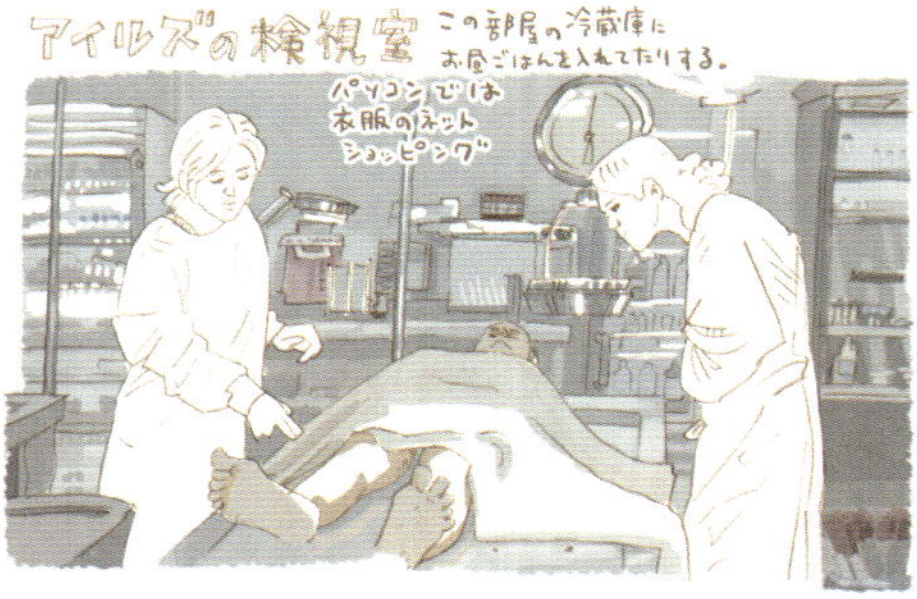

奥にシンク、右手にコンロがあるほぼ正方形のキッチンは、3、4人入っても余裕の広さ。

茶系でまとめたインテリアに小物類で女性らしさをプラス。（探偵）

右の本棚の上にはカメが入った水槽が……。

ベッドの左右にブルーのランプ。絵画やランプをいくつもアクセントに取り入れています。

34 柄模様のファブリックで魅せる家

[リゾーリ&アイルズ](アイルズの家)

探偵(以下・探): 今回も引き続き『リゾーリ&アイルズ』を取り上げます。前回はタフで有能なリゾーリのかっこいい部屋でしたが、今回は正反対なアイルズの部屋を見ていきましょう。

イエ子(以下・イ): リゾーリの家は、ダークブラウンが基調の、英国紳士の部屋のような渋いインテリアでしたね。

探: いっぽうアイルズは上流階級出身で、いつも最先端のファッションに身を包んでいます。洋服に気を使う人はインテリアにもこだわっていることが多いので、彼女がどんな部屋に住んでいるか気になりますね。アイルズの住まいは、アパートの1階部分です。

イ: 広いアパート!はじめて部屋が出てきたときは、戸建てだと思い込んでいました。

探: 玄関を入ると、パープルの壁が目を引くエントランスがあります。そこを過ぎると広いリビング、キッチン、ダイニングと、壁で仕切らない抜けのいい空間になっています。その他、ベッドルームと離れにゲストハウスがあるようですが、これか

ストーリー紹介

[リゾーリ&アイルズ]

ボストン市警の女性刑事と検視官が主役のクライムサスペンス。原作はベストセラー作家テス・ジェリッツェンの『外科医』(邦訳は文藝春秋より刊行)とその続編。行動力あふれる熱血刑事リゾーリと、エレガントで冷静沈着なアイルズ、正反対の個性を持つコンビが難事件を解決していくという、ユーモアと軽快さも楽しめる本格犯罪ミステリードラマです。

[間取りとインテリア]

広い空間を壁をつくらずにリビング・キッチン・ダイニングとスペース分けしています。

① リビングのソファは柄×柄の高度なコーディネート。

玄関から華やかなインテリア！ 右に曲がると広々としたLDKが。

大人の女性らしい
洗練された
インテリア。
（探偵）

ら話が進むと出てくるかもしれませんね。

イ：寝室とゲストハウスが出てくるまで見続けます！

幾何学模様のファブリック

探：アイルズはファッションが好きなこともあってか、色や柄がカラフルで部屋が華やかです。

イ：こだわりの強いアイルズらしい、おしゃれな部屋ですね。

探：色使いや柄の組み合わせ方のセンスが抜群！特に見てほしいのが、ソファとダイニングチェアの生地です。ソファのクッションの柄は、幾何学模様とストライプという、普通はあまりやらない組み合わせ。でもグリーンとイエローの同系色を使っているので、まとまりがあるんです。ダイニングチェアも、全部同じ生地にしないで、パープルと、ソファと同じグリーンを交互に。きっと、計算尽くされたコーディネートなのでしょうね。

イ：初めて見たアイデアです。シックな組み合わせだけど、柄&柄&柄……。さすが、おしゃれ上級者。

探：それに、広くて大きなオープンスタイルのキッチンも見どころ。ブルーの可愛らしいキッチンは、とても絵になります。

　大人の女性らしい洗練されたお部屋は、働く女性にぜひ真似してほしいですね。

イ：暖炉まわり、ダイニングのステンドグラス、ブルーのキッチン、ソファ、パープルの玄関……360度、本当にどこをとっても手を抜かないインテリア！

　でも、そのおかげでなんだか間取りを読み解くのが難しかったような気もします……。アイルズのハイセンスな大人の部屋、ゴージャスで見応えありました。

② ダイニングチェアも全部同じ柄にしないのがポイント。

3
ブルーでまとめた
さわやかなキッチン。

アイルズのオフィス

アイルズのダイニング

アイルズのキッチン

こだわりの強い
アイルズらしい、
おしゃれな部屋ですね。
(イエ子)

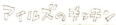

35 シック&アンティークでまとめた家

［GRIMM／グリム］

探偵（以下・探）：今回は、グリム童話をベースにした新感覚ダーク・サスペンスドラマ、『GRIMM/グリム』を取り上げます！ 小さいころに読んでいたお話が、現代版によみがえるのが見どころ。

イエ子（以下・イ）：舞台はオレゴン州の深い森に包まれた街、ポートランド。童話がよく似合う街並みですね。出てくる家がどれもこれも凝ったインテリアで、以前からとても気になっていました。

探：今回調査したのは主人公、ポートランド市殺人課刑事のニックの家です。ニックが恋人のジュリエットと住む一軒家を見ていきましょう。

外観が多角形なので、一見とても大きな家のようですが、割とこじんまりした間取りです。

イ：確かに、中に入ってみると意外と庶民的なサイズの家ですね。

探：ただ少々間取りが変わっていて、玄関のほかに、リビングとキッチンからも外に出られるようになっています。さすが一軒家ですね。

間接照明で魅せる2つのリビング

探：リビングは2つあり、一つは玄

ストーリー紹介

［GRIMM／グリム］

ポートランド市警の刑事ニックは、叔母から実はニックは童話作家グリム兄弟の末裔で、「グリム物語」は実在するモンスターたちとの闘いの記録だったと聞かされます。魔物の正体を見抜く特殊能力を持つニックは、自分の宿命を知り、人間に紛れ込んでいるモンスターたちとの戦いに挑む。犯罪捜査、ダークファンタジー、サスペンスといろいろな要素が楽しめるドラマです。

[間取りとインテリア]

玄関を開けると目の前にリビング。奥にはキッチンがあります。広々としたキッチンには廊下につながるドアがあり、寝室から直接キッチンに入ることもできる動線です。

1 重厚なダークブラウンの梁が映えるリビング。暖炉のある奥の部屋は二つ目のリビングです。

レトロなインテリアで落ち着いた印象に。
(探偵)

関を入ってすぐの広いスペース。そしてその奥に、暖炉とテレビがある小さめのリビングがあります。

イ：リビング2つ、というのもドラマでよく見かける間取りですね

探：リビングの隣にはダイニングがありますが、個々の部屋は壁で仕切らずオープンになっています。

イ：仕切りがないフロアを壁の色で区別するのも、ドラマでよく見るアイデアですね。

探：家具やインテリアはレトロなものが多く、若いカップルの家なのにとても落ち着いた印象を受けます。

イ：色つきの壁に、こげ茶の梁を引き立てるシックな家具。全体の色合いがいいですね。

探：部屋のあちこちに置かれたランプもアンティークなデザインで素敵。部屋自体も間接照明で照らす程度なので、ちょっと薄暗く感じますが、それがダーク・ファンタジー的要素もある物語のムードにぴったり。

さわやかなグリーンのキッチン

探：部屋のシーンでもよく出てくるキッチンは、コの字型で使い勝手もよさそう。

イ：広々として、収納もたっぷり。

探：それに、壁一面に窓があるので、日差しも入り気持ちがよさそう。落ち着いたグリーンの内装と、床や窓枠などのブラウンがよく合っていますね。窓枠の上に置いてある、カラフルな食器や小物もアクセントになっています。

イ：今回はインテリアだけでなく、間取りもユニークでしたね。階段も勝手口も2か所というのも珍しいですし、キッチンとDKとのつながりなど動線もよさそう。きっと実際に住んでも暮らしやすそうだなと思いました。

左手には玄関から2階へ上がる階段。正面にも階段がありますが、その横にデスクを置いて、ちょっとしたスペースを上手く使っています。

2

ダイニングの壁はブルー。部屋によって壁の色を変えて。

3

左手はダイニング。右の奥に小さな書斎スペースが。

グリムの末裔が受け継ぐ車の中には、古い本や武器が……。恋人のジュリエットにも秘密の場所です。

36

ロンドンの細長いフラット

映画「ノッティングヒルの恋人」

探偵（以下・探）：今回は、ロンドン西部にあるノッティングヒルを舞台にした映画、『ノッティングヒルの恋人』を取り上げます。

イエ子（以下・イ）：この連載ではお馴染みのヒュー・グラントと、ジュリア・ロバーツが共演のラブストーリー。ご覧になった方も多いのではないでしょうか。

探：ヒュー・グラントといえば、以前取り上げた『ブリジット・ジョーンズの日記』や『アバウト・ア・ボーイ』のように、プレイボーイのイメージが強いですが、この映画では平凡なバツイチの書店主という役どころ。その主人公ウィリアムとジュリア・ロバーツ扮するハリウッドスターのアナとの恋の行方が、ユーモアたっぷりに描かれます。

　ウィリアムが住んでいるのは、イギリスではフラットとよばれるアパート。家の中のシーンも多く、物語が展開する上で重要な場所になっています。

イ：狭いと言えば狭い、細長い鉛筆のような可愛らしい家ですね。そして、間取りを読み解くのが難しい……。

ストーリー紹介

映画［ノッティングヒルの恋人］

ロンドン西部のノッティングヒルで旅行書専門の書店を営む冴えないバツイチ男性と、ハリウッドの大スター女優が偶然出会って……というラブストーリー。一見正反対の二人が次第に惹かれあっていく様子が、ユーモラスかつロマンチックに描かれた映画です♪生活感があってかわいい友人たちの家も要チェック！

[間取りとインテリア]

4フロアある、縦長のフラット。イギリスではよくあるつくりの家です。

奥の扉が、あの有名な青いドアの玄関です。

細長い鉛筆のような
可愛らしい家ですね。
(イエ子)

探：日本人の目にはとても珍しいつくりですよね。映画の中では、階段を上り下りするシーンが何度も出てきますが、それもそのはず、ウィリアムのフラットは4フロアあります。ただ、1フロアに1部屋だけなので、コンパクトな縦長住居です。

イ：階段の高さから見て、スキップフロア（中2階）でしょうか。階段とフロアの配置が面白いですね。

探：間取りを詳しく説明すると、1階はあの有名な青いドアを入ると長い廊下があって、その先にキッチンとダイニングがあります。少し階段を上ると、中2階のようなスペースにリビングが、そして3階にはバスルーム、4階にはウィリアムと同居人スパイクのベッドルームがあります。上り下りするのでちょっと不自由にも感じますが、それもまたイギリスらしいというか。

イ：イギリスの映画に出てくる家って、こういう「建物の都合に合わせて部屋を配置しました」、という感じのものが多いですね。それにしても、4階の寝室で飲み物が欲しくなったら1階に下りるんですね！いい運動になりそう（笑）。

スキップフロアで分かれたLDK

イ：一番よく映画に登場したのが、ダイニングキッチンですね。

探：海外では珍しく、ダイニングキッチンとリビングが2フロアに分かれています。

内装は、レンガの壁や白枠の窓、色あせたグリーンのキャビネットなど全体的に古びた雰囲気なんですが、なぜかおしゃれにみえるから不思議。家具もやはり使い込んだ風合いのもので統一されていています。

生活感たっぷりのダイニングキッチン。

玄関から室内を見たところ。奥に裏庭に通じる扉があります。

インテリアは使い込んだ風合いの家具で統一。

（探偵）

キッチンのキャビネットは、ナチュラルな素材の壁にぴったりの色合い。

イ：置かれているものに、みな味がありますね。
探：キッチン部分は男性2人暮らしなので、生活感たっぷり！　食器や食べかけのピザ、シリアルなどごちゃごちゃしていて、アナが来たときには慌てて片づけていましたね。
イ：生活感ありすぎ……。男性2人だし、個性的な同居人がいますからね（笑）。
探：そしてリビングには、壁際にある棚に本がぎっしり。広いスペースにはソファとテーブルを、窓際の狭いスペースにはデスク、階段横にはまたソファを置いてと、上手く使っています。
　部屋の中には、なぜか日本っぽいものがちらほら置いてあります。玄関に着物姿の立て看板があったり、リビングでは大きな和紙の照明を使っていたり。
イ：私も、その看板がすごく気になってました！　〇×フィルムの店先からとってきたような……（笑）。
探：3階はバスルームのみ、最上階の4階にはベッドルームがあります。4階まで上るのは大変そうですが、それぞれの部屋が独立しているので、シェアして住むにはよさそうです。
イ：う～ん、こんな間取りになっていたのですね。どのフロアも居心地良さそう。それぞれのフロアで使い道が違うというのもいいですね。もう一度、この間取り図を見ながら映画鑑賞したいと思います！

3 リビングの奥にはバスルームに続く階段が。階段の壁には写真やポスターがたくさん飾られています。

column ヤマサキタツヤのイラストコラム③ ウォーキング・デッド

『ショーシャンクの空に』『グリーンマイル』のフランク・ダラボンが企画した究極のパニック・サバイバル・ドラマ。ゾンビがはびこる終末世界を舞台に、安住の地を求める生存者たちの姿を人間ドラマとして丁寧に描いた、全米ケーブルTV史上最高視聴率を誇る大人気作品です！

37

不思議な街の白雪姫の隠れ家

［ワンス・アポン・ア・タイム］

探偵（以下・探）：今回は、おとぎ話をモチーフにしたドラマ『ワンス・アポン・ア・タイム』を取り上げます。

イエ子（以下・イ）：以前、グリム童話を題材にしたドラマ『GRIMM／グリム』というドラマを取り上げましたが、ちょっと似ていますよね。

探：舞台となるストーリーブルックの住人たちは、実はおとぎ話のキャラクター。物語の鍵となるのは白雪姫と王子の間に生まれたエマですが、今回はエマが居候しているメアリーの家を見ていきましょう。

イ：メアリーはおとぎの世界では白雪姫ですね。容姿もファッションも、そしてお部屋もぴったりです！

探：レンガ張りの壁にアンティーク調の家具など、確かに白雪姫が現代にいたらこんな部屋に住むのかも。古い倉庫を改装したような、ちょっと隠れ家風の住まいです。

間取りは、壁や仕切りのない広いワンフロアで、中央の階段からロフトにつながるつくりになっています。

イ：憧れの広いワンフロアのアパートメント！うまくスペースを使ってますね。

ストーリー紹介

［ワンス・アポン・ア・タイム］

白雪姫、ピノキオ、赤ずきん……童話の登場人物が、魔女の魔法で記憶をなくし、現代のストーリーブルックという町に閉じ込められてしまう……この謎を解こうとする少年ヘンリーに助けを求められた産みの親のエマが、この町を訪れるところから物語が始まります。童話の世界と現代の町を交互に織り交ぜながら物語が進んでいく、不思議なファンタジー。本格的なセットや衣装、童話の登場人物にぴったりの俳優陣も人気の秘密です。

[間取りとインテリア]

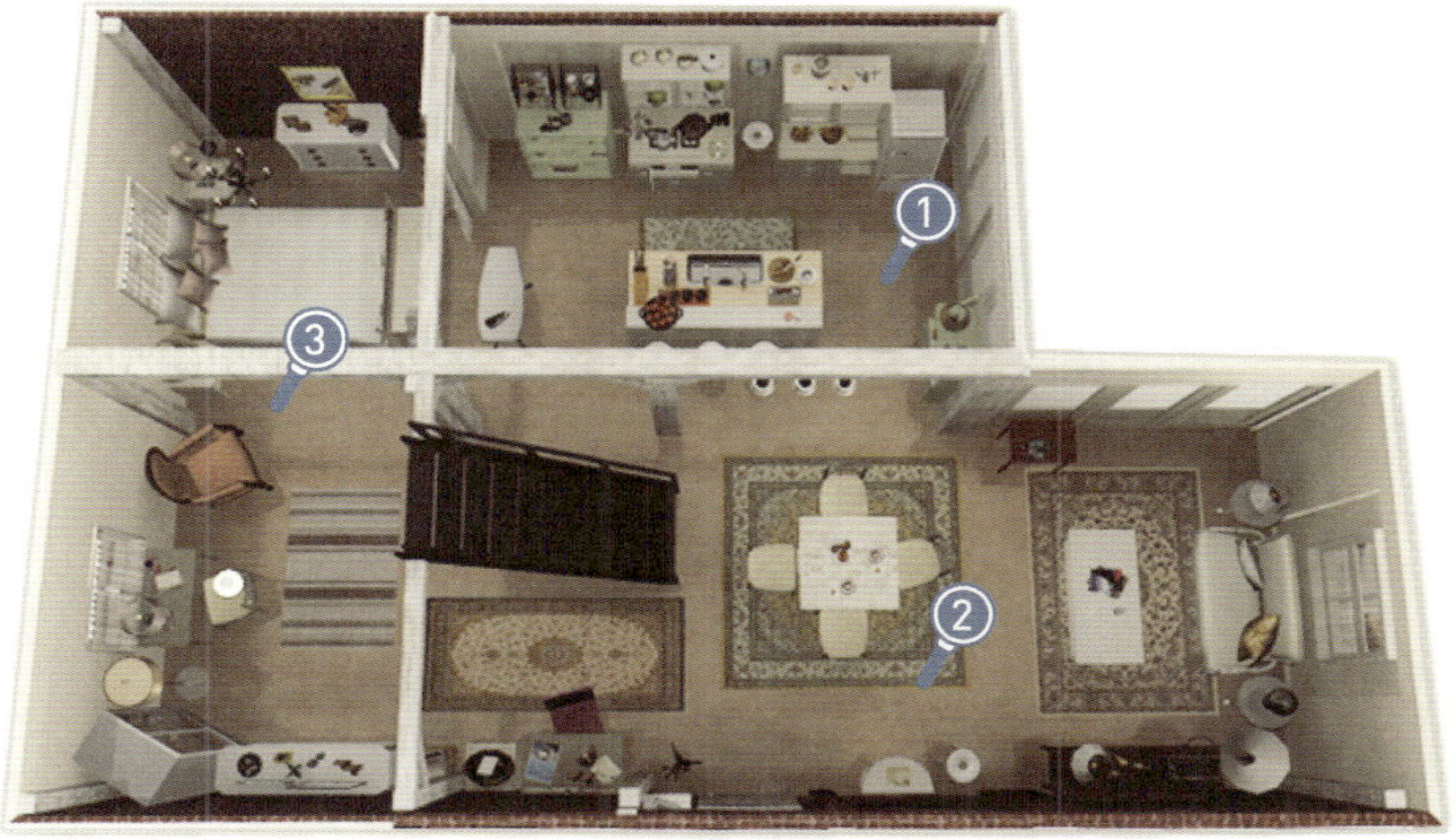

玄関前にダイニング。奥にリビング。正面には広々とした可愛いキッチンがあります。

壁や仕切りがなく、風通しいのいい広い空間。

レンガの壁に
アンティーク調の
家具など、
確かに白雪姫に
ぴったり。
（探偵）

小物が見応え有り！のキッチン

探：ドラマの中でよく登場するのがキッチンですね。

イ：可愛いカップボードや小物が目を引きます。

探：日本のような一体型のシステムキッチンではなく、コンロにシンク、食器棚など全部別々。ぜひ見てほしいのが、調理器具や食器。どこか懐かしさを感じさせる、昔っぽいデザインが可愛いんです。おままごとセットがそのまま実物大になったみたい。

イ：本当に。北欧ヴィンテージ風で、こだわりが感じられますね。

こじんまりとまとめたDK

探：キッチン手前の小さめのダイニングセットは、白でコーディネート。ここで朝食を食べたり、たまにエマとワインを飲んだり。その奥には、ソファが置かれているリビングスペース。壁側のチェストには、本やランプなどを置いて。

イ：ディスプレイの仕方もおしゃれ上級者！

ロフトの下にプライベートスペース

探：ベッドルームと書斎の部分は、上にロフトがあるので天井が低く、ちょっと薄暗いので、より隠れ家っぽいムードです。アイアンのベッドにナイトテーブル、チェストなど、こちらも白を基調としたインテリアに。動物をモチーフにしたランプや、刺繍のほどこされたファブリック、アンティークの時計などは、いかにも白雪姫らしいアイテムですね。

イ：フレンチカジュアルにジャンクスタイル、北欧ヴィンテージと、いろいろなテイストがミックスされた可愛い家でした！

可愛いキッチン小物とシェルフに注目。

1 ダイニングセットは、シャビーシックなテーブルとチェア。

ロフトの下に
あたる部分は
低目の天井で
落ち着ける空間。
（探偵）

2 ダイニングの奥は
リビングスペース。

レジーナの家＆職場

ゴージャスなインテリアのレジーナの家もお見逃しなく。クールな色調でまとめられています。

3 いかにもお姫様らしいディテールのベッドスペース。

38

国会議員が暮らすクラシックな家

[ハウス・オブ・カード　野望の階段]

イエ子（以下・イ）：今回は、ホワイトハウスを舞台にしたドラマ『ハウス・オブ・カード 野望の階段』を取り上げます。

探偵（以下・探）：このドラマはテレビ放送でなく、動画配信会社が制作したオリジナルドラマ。1シーズン全話を一挙配信するという手法や、映画並みの豪華なキャスト・製作陣が話題となり、全米が熱狂したのもうなずける面白さです。オバマ大統領もはまっているそうですよ。

イ：主人公は、ベテラン議員フランシス・アンダーウッド（ケヴィン・スペイシー）、通称フランク。ちなみに、わたくし、ケヴィンの大ファンです。国務長官就任の約束を白紙にされ、大統領に裏切られたフランクが、冴えわたる頭脳を武器に自らをおとしめた者への復讐を繰り広げるという、スリリングな政界内幕もの。

探：内容も気になりますが、政治家がどんなところに住んでいるかも気になりますよね。今回はそんなフランクが美しい妻と2人で暮らす、シーズン1と2に登場する上品な家をご紹介しましょう。

イ：アメリカの議員の家だなんて……。

ストーリー紹介

[ハウス・オブ・カード]

約束されていた国務長官の座を反故にされたベテラン下院議員フランクが、自分を裏切った大統領に陰謀を企てる復讐劇。時折フランクが視聴者に語りかける演出も話題に。鬼才デヴィッド・フィンチャー監督とアカデミー賞俳優ケヴィン・スペイシーとのタッグ、さらには妻クレアを演じるロビン・ライトの存在感も見もの。エミー賞やゴールデングローブ賞など数々の賞を受賞した、間違いなく現代ドラマ界の頂点に立つ傑作のひとつです！

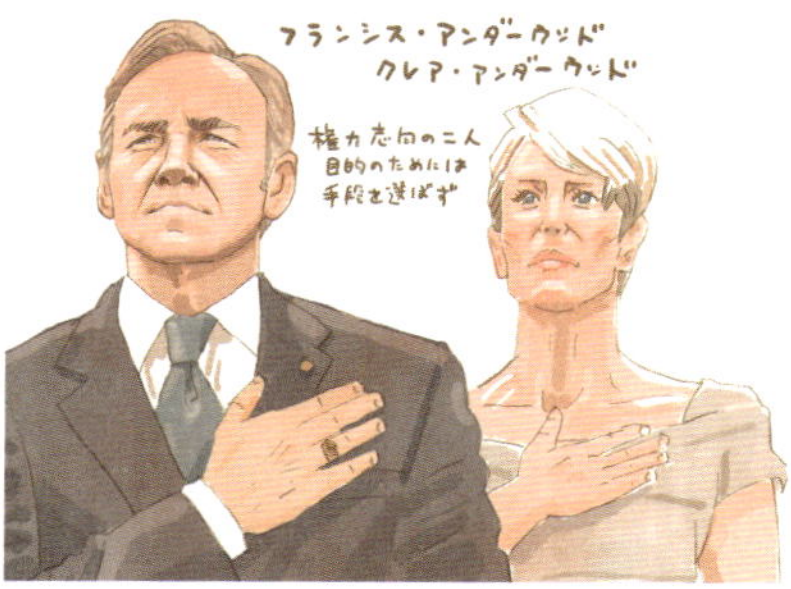

[間取りとインテリア]

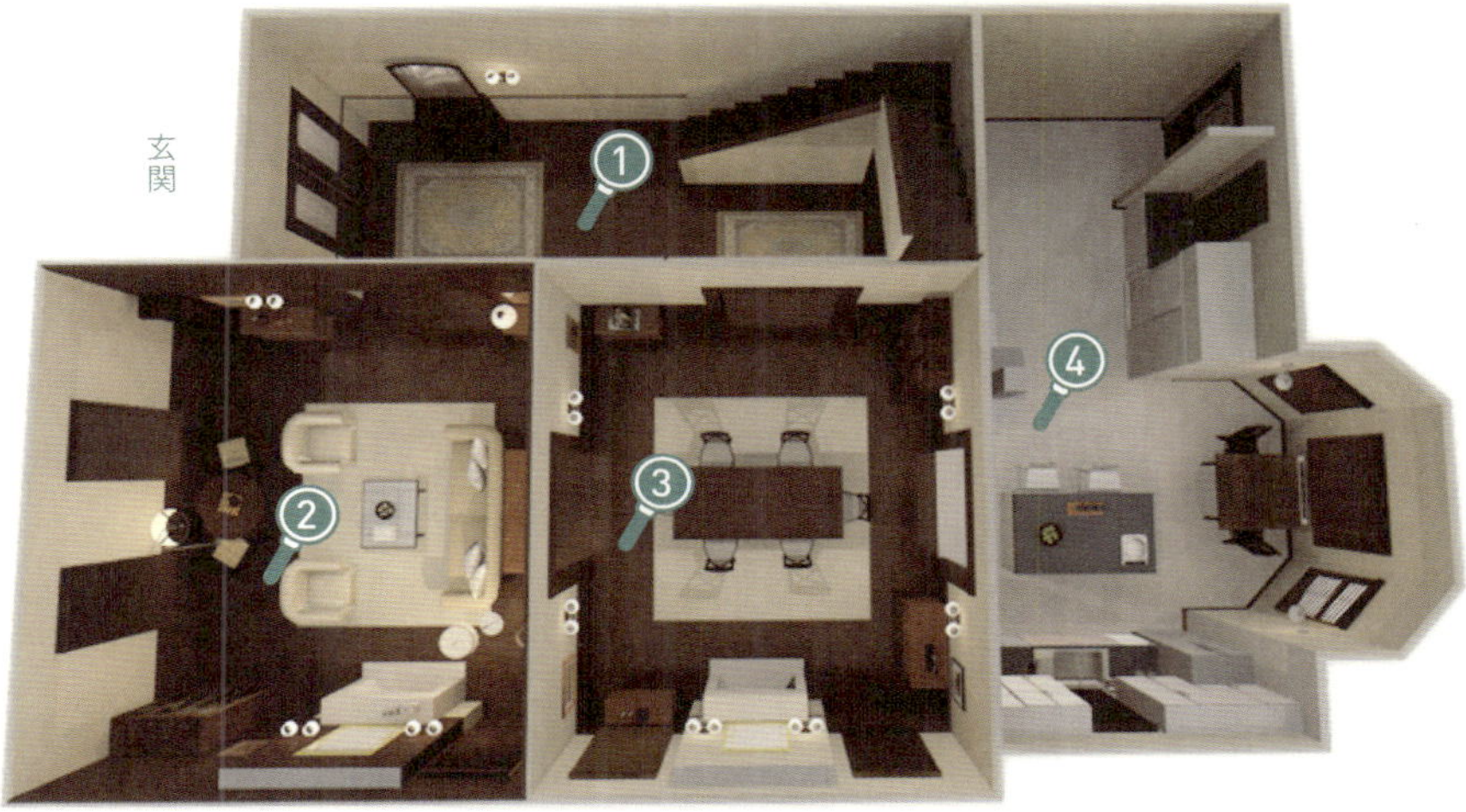

2階には、夫婦の寝室にクローゼット、ゲストルームもあるようです。このほか、フランクがトレーニングマシンで運動したりする地下スペースも。

1 正面が玄関。左手にリビングとダイニングとキッチンが一列に並んでいます。右手の階段から2階に。

舞台となるアメリカ合衆国議会議事堂

知的な香り漂う
クラシックスタイル。
（探偵）

きっとゴージャスに違いない！ さっそく間取りからお願いします。

探：自宅は1階、2階、そして地下の3フロアになっています。もっと豪華な家に住んでいると思いきや、意外とコンパクトな間取りですね。

イ：そうなんです。私もリクエストいただいたとき、ものすごい豪邸をイメージしていました。

探：1階は、玄関を入ると長い廊下があり、その横にリビング、ダイニング、キッチンと並んでいます。それぞれ独立した部屋になっていて、きちんとした印象を受けますね。

イ：なんだか賢そうなお部屋（笑）。絶対仕事が出来る人が住んでいるという感じの。

探：部屋全体は、上品でシックな家具でコーディネートされたクラシックスタイル。シンプルななかにも格調高さがあふれる、高級ホテルのような雰囲気です。クールな美貌がきわだつ妻のクレアにぴったりなインテリアですね。

　地下は倉庫のような内装。クレアが買ってきたトレーニングマシンでフランクがもくもくと運動していたり、テレビゲームや靴磨きなどをして仕事のストレスを発散したりしています。フランク曰く、自分だけの神聖な場所だとか。

格調高い リビング・ダイニング

探：リビングからくわしく見ていきましょう。向かって右側の壁中央には立派な暖炉があり、その前にソファとパーソナルチェアが向い合せに置かれた空間は、まるで海外のインテリア雑誌から出てきたよう。クラシックなテーブルや本棚、チェストなどが部屋の随所に配置されているんですが、広さがあるので、すっきり見えて生活感がありません。

シンプルななかにも格調高さがあふれる空間。

（探偵）

2

調度品もソファのファブリックも上品で、クラシックスタイルを目指すなら、真似したくなるコーディネートです。

イ：完璧なインテリア。やはりファッション雑誌から抜け出てきたようなスタイルの奥様にはぴったりですね。

探：窓際にあるテーブルで、フランクがチェスをしながら考え事しているシーンは印象的でした。

イ：策略を練ったり、政治の話をしたりするのが似合う部屋ですね。

探：ダイニングでよく出てくるのが、部屋を暗くして夫婦で1本のタバコを分け合いながら会話をするシーン。場所は窓際の、暖炉横のスペースです。棚にシガレットケースが置かれていて、ここで話をしながらタバコを交互に吸う姿が最高にクール。何をしてもサマになる二人です。

がらりと雰囲気を変えるキッチン

探：奥にあるキッチンは少し印象が変わって、ホワイトを基調とした明るい雰囲気になっています。中央に大きなアイランドキッチンがあり、シンクとコンロが分かれたところに置かれています。

イ：ちょっと配置は不思議ですが、きりっとした感じのシンプルさがかっこいいです。

探：使いづらそうな気もしますが、無理やり一か所に固めるよりも、この方が広々使えていいかもしれません。色物はほとんどなく、食器も調理器具もキッチンに合わせたシックなデザイン。一分の隙もなく完璧に整った空間は、ため息が出そう。

イ：キッチンまでも一糸乱れずという雰囲気ですね。社会的に成功した夫婦2人にぴったりのインテリアで、クラシックスタイルを希望する人にはとても参考になるのではないでしょうか。

リビングに続いたダイニング。奥にはキッチンがあります。

3

ちり一つ落ちていないダイニング。ダイニングもリビングもシャンデリアと壁付きライトが高級感を醸し出しています。

4

フランクはキッチンでしばしば自分で軽食を用意したりすることも。

39

NYの絵本書店主のキュートな家

映画「ユー・ガット・メール」

探偵（以下・探）：今回は、メグ・ライアンとトム・ハンクスが共演する映画『ユー・ガット・メール』を取り上げます。こちらは、この映画の大ファンだというイエ子さんのリクエスト。

イエ子（以下・イ）：うふふ。ありがとうございます！　どうしても間取りの全貌が知りたくって。

探：懐かしい映画ですが、今見ても十分楽しめる作品です。この頃のメグ・ライアンの可愛さといったら！

イ：当時はラブコメディと言えばこの2人でしたよね。

探：メグ・ライアン演じるキャスリーンは、ニューヨークで小さな絵本専門店を経営しています。住んでいるのは、重厚で立派なアパート。

イ：付き合っている彼と、半同棲のような形で住んでいるんですよね。

探：間取りは、広いリビングが贅沢な1LDK。インテリアはナチュラルな家具に、花柄のファブリックや小物で可愛らしさを加えています。

壁の一部をステンドグラスに

探：まず、玄関を入るとすぐにダイニングがあります。玄関側の壁の一

ストーリー紹介

映画［ユー・ガット・メール］

絵本専門の小さな書店を経営するキャスリーンは、インターネットで知り合ったハンドルネーム「NY152」と、メールのやりとりを介して親しくなっていく。その頃、近くに大型書店ができることになり、キャスリーンのお店は経営の危機に。実生活では商売敵として知り合う二人が、いつお互いの正体に気付くのか……。元祖ラブコメの女王、メグ・ライアンとトム・ハンクス主演の可愛いラブ・ストーリーです。

[間取りとインテリア]

広いリビングが贅沢な1DK。玄関を入るとすぐにダイニングがあります。

① コンパクトなキッチン。窓辺のリースが印象的です。

キャスリーンのお店「ショップアラウンドザコーナー」

ナチュラルな家具に、
花柄の
ファブリックや小物で
可愛らしさを加えて。
（探偵）

部がステンドグラスになっていておしゃれなんですが、なんとその向こう側はバスルーム。見えちゃいそうな気もしますが……。
　そして、ダイニングの奥がホワイトを基調としたキッチンスペース。扉で仕切られていますが、常に開けっ放しにしているよう。
イ：ガラスの扉と奥の窓が素敵です。
探：中央に窓があるコンパクトサイズで、日差しも入ります。観葉植物やランプなども置いてあって、居心地のよさそうな空間。

リビングが端から端まで

探：間取りの縦長のスペースはすべてリビング。
イ：どちらの窓際がリビングだろうと謎だったのですが、両窓まで続いていたんですね。
探：中央には本棚があり、手前には劇中でもよく登場する、メールをやり取りするデスクがあります。普通だったら、壁にデスクの正面をつけて置きたくなりますが、キャスリーンは横向きに置いて、贅沢なスペースの使い方をしています。
イ：デスクって壁に向けるか、部屋の隅に置くものだと思っていたので、この配置はとても新鮮でした。

オープンなベッドルーム

探：最後はベッドスペース。リビングからそのまま繋がっていて、壁で仕切っていません。エレガントで大きなベッドに、花柄のベッドカバー、そこにクッションがたくさん置かれて、ジャンプして飛び込みたくなります。
イ：これまたメグにぴったりのベッド。可愛いファブリックは、映画でも一番印象的でした。間取りも読み解けて、長年の夢がかないました！

「ショップ アラウンド ザ コーナー」の店内

キャスリーンの児童書店の店員達

ダイニングの奥はリビング。左手に長く続きます。

2 右手のステンドグラスの横のドアが玄関。左手はキッチン。

デスクの配置がとても新鮮でした。
（イエ子）

3 右手の扉はバスルームへ。奥からリビングを見たところ。

キッチン

4 ベッドスペースには、エレガントで大きなベッドが置かれています。

40

レクター博士のエレガントな自宅とオフィス

[ハンニバル]

探偵（以下・探）：今回は、映画『羊たちの沈黙』で世界中に衝撃を与えた、殺人鬼ハンニバル・レクター博士の若い頃を題材としたドラマ『ハンニバル』を取り上げます。

イエ子（以下・イ）：今回もたくさんリクエストいただいていました。

探：知的で洗練された物腰の紳士、ハンニバル・レクター。実はその裏の顔は人食い殺人鬼……という強烈なキャラクターは、シリアル・キラー界のカリスマといっていいでしょう。映画もシリーズ化されていきますが、今回のドラマ版はさらに時代をさかのぼって、まだレクター博士が正体を完全に隠して一流精神科医だった時代のお話。FBIの捜査に協力しながら、裏で暗躍して捜査をかく乱する彼と、天才的なプロファイリング能力を持つウィルとの駆け引きが見どころのドラマです。

イ：映画のレクターを演じたアンソニー・ホプキンスの印象も忘れがたいですが、ドラマのレクター役、マッツ・ミケルセンもこれまたぴったりの俳優さんですよね。

探：そんなレクター博士の住む家は、食べ物から洋服、家具やインテリア

ストーリー紹介

[ハンニバル]

映画『羊たちの沈黙』では、すでに監獄の中だったハンニバル・レクター博士ですが、このドラマでは洗練された物腰の精神科医。『レッド・ドラゴン』で自分を捕えるFBI捜査官と出合うまでの空白を埋める、オリジナルストーリーです。冷酷無比なレクターと、犯罪者への共感能力を持つ捜査官のウィルとの息詰まる心理戦が見もの。007映画にも出演したデンマーク出身の俳優マッツ・ミケルセンが、まったく新しいレクター像を作り上げました。

[間取りとインテリア]

キッチン　　ダイニング

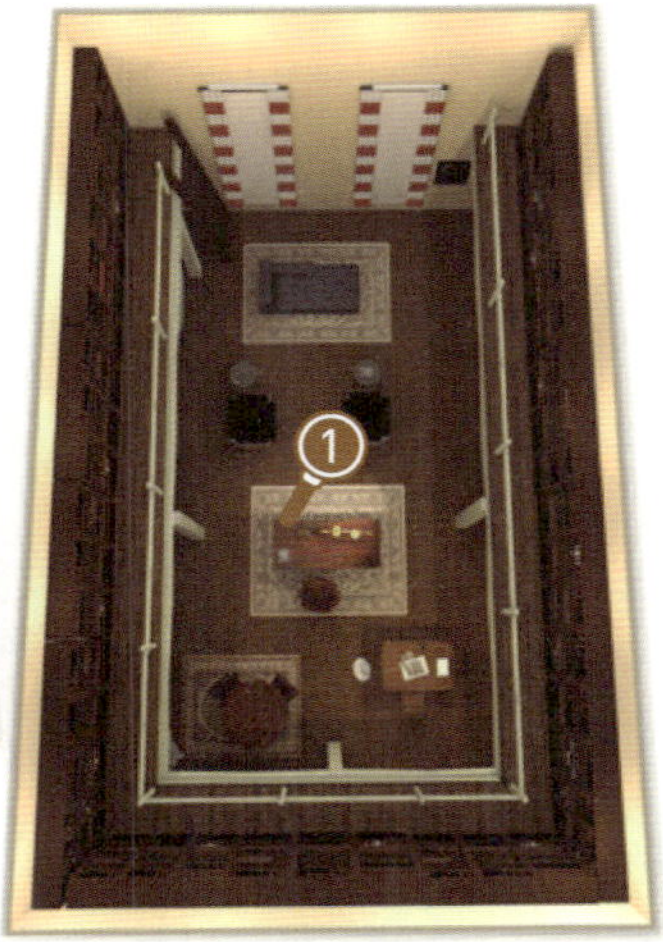

診療室（オフィス）

家具や調度品など、
置いてある何もかもが
選び抜かれた一流品。
（探偵）

① 向かい合わせのチェアでカウンセリングをしているシーンもよく登場します。

レクターの自宅

まですべて一流のものを好む彼だけあって、独特の美意識に貫かれています。では今回は、精神科医として働く彼のオフィスと自宅をくわしく見ていきましょう。

探：レクターは、3階建ての立派な豪邸に一人暮らし。1階にはダイニングとキッチンがあります。

イ：シーズン1ではこの2つの部屋しか出てきませんが、ベッドルームやそのほかの部屋も気になりますね。

探：家具やインテリア、調度品など、置いてある何もかもが選び抜かれた一流品。アンティークっぽいインテリアをモダンなテイストでまとめて、一つ一つが際立って見えます。

イ：組み合わせが上級者ですね。何となく、普通の人じゃない雰囲気が醸し出されてます……。

本に囲まれた瀟洒《しょうしゃ》なオフィス

探：ドラマでもよく出てくる、まるで図書館か博物館のようなオフィス。精神科医として患者を招き、このオフィスでカウンセリングしています。特に圧巻なのが、吹き抜けの天井とぐるりと部屋を囲む本棚。部屋の隅にハシゴがあって、そこから上って回遊できるようになっています。

部屋はとにかく広くて、そこにアンティークの家具が点在しているという感じ。中央にはデスクとチェア、その前にパーソナルチェアを2脚置いて、そこでカウンセリングをしています。

イ：それにしても……全然、癒されない感じです（笑）。

探：一面の壁やカーテンに真っ赤な色が使われているのも、ちょっと血を連想させますね。レクターの恐ろしさを暗示しているよう。

イ：実に彼らしい仕事部屋といっていいのでは。

探：置いてある調度品は、ひとつひとつが「良い物」という雰囲気。壁

レクターの診療室

オフィスは吹き抜けの図書館のような空間。優雅な調度品も目の保養です。

書棚の並ぶ回廊から見下ろしたところ。

吹き抜けの中2階を
囲む本棚は圧巻です。
（探偵）

のあちこちに掛けられた絵も、よく見ると日本画があったり、アートの趣味も幅広いようです。ぜひ細かいところまで観察してみてください。

プロ仕様のキッチンとブルーのダイニング

探：美食家としても有名なレクター。プロ並みの腕を誇る彼の料理シーンは、このドラマのもう一つの見どころでもあります。キッチンも、アイランドキッチンにカウンターも追加して、調理する場所、肉を切る場所と、徹底的に使いやすく工夫されたつくりになっています。

イ：レクターがエプロン姿で料理するシーン、本当にかっこいいですよね。ただし、その材料は……。

探：キレイに片付いたこのキッチンで手際よく料理を作り、盛り付けも完璧。ときにはその料理を客人にふるまうため、隣のダイニングへ運びます。

ダイニングは、ブルーの壁でガラリと雰囲気が変わります。大人数が掛けられるダイニングテーブルに、シャンデリアに映えますね。面白いのは、壁に段差をつけて配置された植物。ハーブのようなので料理に使うのかもしれません。観賞用としても部屋のアクセントになりますし、こういった使い方もいいですね。

イ：ダイニングが一番印象的な部屋ですね。凸凹のあるブルーの壁に、珍しい装飾品。食欲が減っていいかも（笑）。レクターにぴったりのインテリアです。

毎回思いますが、ドラマのセットをつくる人たちは、本当にみごとに主役の個性に合わせたインテリアをつくりあげるものですね。今回改めてじっくり観直して感動しました。

②カウンターがいくつも並ぶ広いキッチンは、さすが美食家。

レクターのキッチン

調理姿すらエレガントなレクター博士。

レクターのダイニング

3

壁一面にハーブをディスプレイ。向かいの暖炉の上に置かれた動物の角も印象的です。

41 憧れのキッチン&パントリー

[ブラックリスト]

探偵（以下・探）：今回は、犯罪ドラマ『ブラックリスト』を取り上げます。前回の『ハンニバル』に引き続き、こちらもダークヒーローもの。

イエ子（以下・イ）：超A級犯罪者のレイモンド・レディントンが、新人FBI捜査官のエリザベス・キーンに犯罪に関わる情報を提供し、捜査協力するというストーリー。

探：レディントンの真の目的やエリザベスとの関係など、回を追うごとに謎が深まっていくドラマです。

　さて、エリザベスは夫のトムと2人で、落ち着いた雰囲気の家に暮らしています。シーズン1の途中でリフォームをするんですが、せっかくなので、そのリフォーム後のお部屋を見ていきましょう。

出窓とブルーの壁で明るいリビング

探：玄関を入ってすぐに、スモーキーなブルーの壁紙と出窓が印象的なリビングがあります。

イ：大きな3面窓がゴージャス。

探：横の壁際には暖炉があり、家具はナチュラルなテイストで落ち着いた感じですが、ソファ脇のデスクラ

ストーリー紹介

[ブラックリスト]

裏社会の超大物レイモンド・レディントンが、突然FBIに出頭し、「ブラックリスト（犯罪者リスト）」の逮捕に協力すると申し出る。ただし、話す相手は新米捜査官のエリザベスのみ、という条件付き。元は優秀な軍人だったレディントンの過去とは？ エリザベスとの関係は？ ダーク・ヒーローとしての魅力あふれるキャラクターを作り上げたジェームズ・スペイダーの演技が光るサスペンスドラマです。

[間取りとインテリア]

玄関を入ると長い廊下があり、リビング、書斎、ダイニングと続き、一番奥にキッチンがあります。

① 大きな出窓で開放感たっぷりのリビング。

壁の色や家具など、男性も好きそうなインテリアですね。
（イエ子）

ンプや部屋のあちこちに飾られたアートで、若々しさとおしゃれさがプラスされています。

イ：夫は学校の先生、妻がFBI捜査官という夫婦に合ってますね。シンプルですっきり。壁の色や置かれている家具など、男性も好きそうなインテリアですね。

探：この家で面白いのが、リビングの隣に少し仕切られたパソコンスペースがあるところ。

イ：海外ドラマに出てくる家は、上手に書斎スペースをLDKに取り込んでいるケースが多いですね。料理しながら、家族と会話しながらパソコンに向かえるのは便利そうです。

探：真ん中が通路なので、両脇にデスクと本棚を置くぐらいなのですが、半個室のようで集中できそう。

大容量の収納が魅力のキッチン

探：ドラマの中でもよく出てくる、白を基調とした広いキッチン。

イ：コの字型のキッチンに、奥にはパントリーも。収納たっぷり！

探：共働きの夫婦なので、キッチンで朝、バタバタと準備するシーンは微笑ましいですね。

イ：FBIに場面が変わると一気にサスペンスモードに変わりますが、朝のシーンはさわやか。

探：最後に、隣のダイニングでぜひ見て欲しいのが、淡いグリーンの壁紙です。一面だけ柄物のアクセントクロスにしてあるのですが、大柄の花模様がとても印象的。また、ダイニングテーブルの上に、北欧の照明ブランド、ルイスポールセンのDoo-Wop《ドゥー・ワップ》が3つ吊り下がっています。

イ：3つ使うのがおしゃれですね。何度か家でパーティーをするシーンがありましたが、開口部が広い家なので、LDKを全部使えていいなぁと思いました。

② リビングとダイニングの間にパソコンスペースがあります。

③ 対面式カウンターもある広々キッチン。

開口部が広い家なのでパーティーにもよさそう。
（イエ子）

④ ダイニングの壁は一面だけ柄物にしてアクセントに。

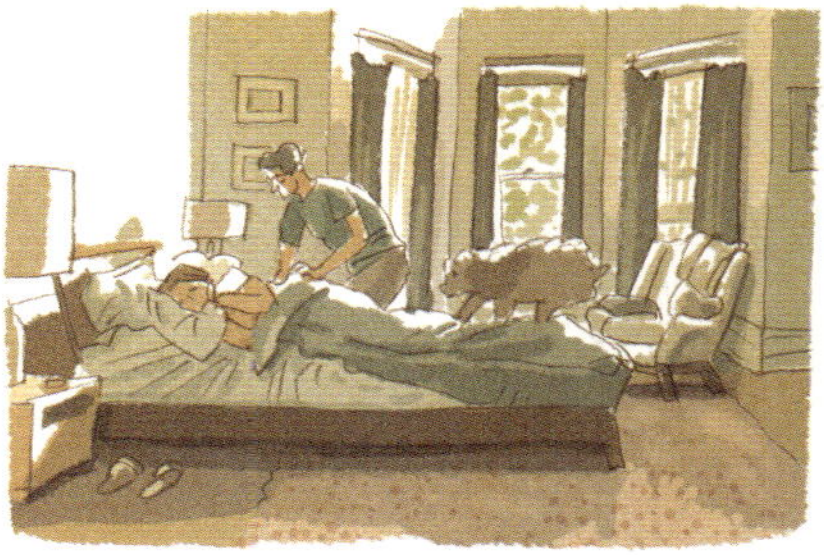

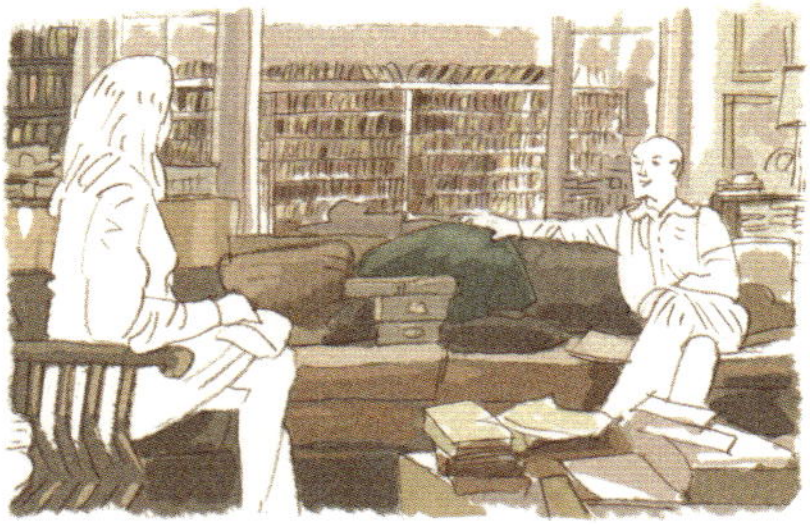

今回の調査には含まれていませんが、2階にはベッドルームとクローゼット、バスルームがあります。

42 名探偵のNYの住まい

[エレメンタリー　ホームズ&ワトソンin NY]

イエ子（以下・イ）：今回のドラマは、あのシャーロック・ホームズがニューヨークで活躍する『エレメンタリー ホームズ&ワトソンin NY』です。

探偵（以下・探）：以前、ホームズが21世紀のロンドンで活躍する『SHERLOCK』を取り上げましたが、今度はニューヨークですね。

イ：相棒のワトソンが女性という意外性も話題です。

探：さて、舞台がニューヨークとなると、そう、あの有名なベイカー街221Bから離れるわけです。

イ：薬物依存更生施設から出てきたシャーロックは、父親の所有するアパートに住むことになります。

探：そこは地下室から屋上まである立派なアパート。一般人とはかけ離れた部屋の使い方をしているので、よーく観察してみてください！

探偵ならではのインテリア？

探：階段を上がり正面玄関を入ると、1階になります。外からは床面が少し高いところにあるので、人の視線が気にならなくていいですね。

イ：1階が、中2階のような床高になっているということですね。

ストーリー紹介

[エレメンタリー]

コナン・ドイルが生み出したキャラクターにインスピレーションを得ているものの、物語の舞台は現代のニューヨーク。並外れた観察眼と推理力を武器にホームズが難事件を解決していきますが、相棒のワトソンが女性というひねりのある設定がポイント。映画『チャーリーズ・エンジェル』や『アリー my Love』で知られるルーシー・リュー演じるワトソンのおしゃれなファッションや、ホームズとの微妙な関係性も見どころのひとつ♪

[間取りとインテリア]

2階にはワトソンの寝室や、たくさんのモニターが並ぶ部屋などがあるようです。

玄関から中を見たところ。右手にリビングがあります。

1 リビングにはソファと本棚。ここでも資料を床一面に広げて推理をしたり。

地下室から
屋上まである
立派なアパート。
(探偵)

探：玄関すぐ横にはリビングがあります。レトロ感漂うインテリアに、暖炉や本棚、向かい合せに置かれたパーソナルソファなど、いかにもシャーロックの部屋という感じ。リビングの奥の部屋で気になるのは、壁側に並んだ無数の南京錠です。

イ：いろんな鍵を開けられるように、日々トレーニングしているんですよね。隣の本棚にも仕掛けがあるし、まるで忍者屋敷。

探：アンティークの家具の中に、デザイナーのセルジュ・ムイユのフロアランプをミックスさせているところが、ちょっと英国っぽい感じ。

モニター・パソコンがいっぱいの書斎

探：1階の一番奥は、シャーロックが調べ物や推理をしたりするスペースになっています。

イ：パソコンや本や乱雑に置いてありますね。電子機器もたくさん。

探：現代のシャーロックはかなりのデジタル派ですね。ところで、ドラマにはあまり登場しませんが、廊下奥に小さなキッチンがあります。

イ：1階にもキッチンがあったのですか。

キッチンはどこに？

探：メインの部屋が1階なので、キッチンがないと何かと不便なのでしょう。では、本来のキッチンがどこにあるのかといえば、なんと地下！ただし窓もあり日差しも入るので、薄暗い印象はありません。

イ：たいして料理もしないようなので、朝食の準備に使うくらい？

探：そのほか、屋上ではシャーロックが趣味で養蜂をしていたり、まだまだ面白いスペースがあります。ぜひドラマとあわせて、シャーロックの部屋も解き明かしてみてください。

鍵を開ける練習が好きなシャーロック。
それをあきれて見ているワトソン……。

② 壁一面の南京錠がユニーク。素早く錠を開けられるよう、トレーニングに使います。

レトロ感漂う インテリアが いかにも シャーロックの 部屋という感じ。

（探偵）

④ 地下の本格的なキッチン。広々として設備もしっかりしていますが、少々殺風景？

③ ソファの奥の扉を開けると小さなキッチンが。コーヒーくらいなら作れそう。

43

女性フィクサーの完璧な住まい

[スキャンダル 託された秘密]

イエ子（以下・イ）：今回は、ホワイトハウスが舞台のラブ・サスペンスドラマ『スキャンダル』を取り上げます。依頼人の問題をすみやかに解決する敏腕の女性フィクサーのオリヴィアが主人公。大物政治家や大企業のCEOなどのスキャンダル、ときには殺人事件の容疑をもみ消したりもします。

探偵（以下・探）：いつでも冷静沈着、どんな相手にもひるまず早口で持論をまくしたてるオリヴィアの姿は、とても痛快です。

イ：毎回、上質なファッションも楽しめましたね。大統領主催の晩餐会とか。

探：オリヴィアの洗練されたファッションの雰囲気をそのまま持ってきたような、エレガントな部屋も必見ですよ。大物セレブを相手に仕事をしているだけあって、住んでいるマンションもゴージャス。高級ホテルのようなつくりです。

　間取りは、上から見ると横長に部屋が並んでいて、人が来たときにプライバシーが守れるよう、左右にきっちり分かれています。玄関を入ると、お客さまを迎えるかのようにグ

ストーリー紹介

[スキャンダル]

アメリカ大統領の選挙参謀であり、広報官を務めたこともあるオリヴィア・ポープ。現在は、政府の要人やセレブのスキャンダルをもみ消すために奔走しています。しかしオリヴィアにも実は大きな秘密が……。ブッシュ元大統領の補佐官がプロデューサーを務めるだけあって、随所にリアリティを感じるサスペンス・ドラマです。オリヴィアのクールで洗練されたファッションはアメリカでも大人気で、ドラマの内容以上に注目を集めているそう。

[間取りとインテリア]

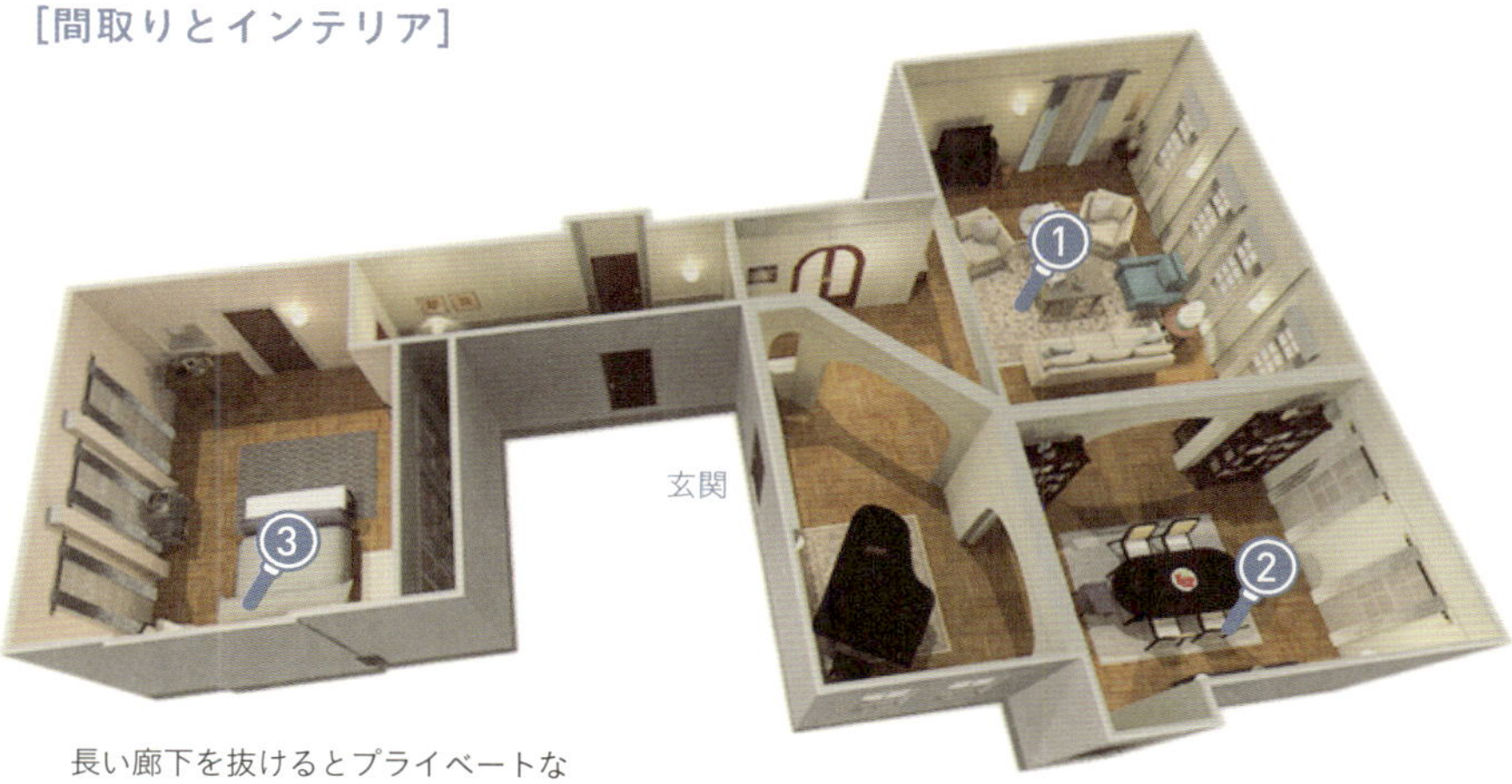

長い廊下を抜けるとプライベートなベッドルームが。キッチンはあまり登場しないので、場所はわかりませんでした。

向かって左側の扉が玄関ドア。その左にはグランドピアノが見えます。右手の奥には寝室が。

オリヴィアのファッションの雰囲気そのままのエレガントな部屋。
（探偵）

1 さまざまなグラデーションのターコイズブルーをあちこちに配して。

ランドピアノが置かれたエントランス。

イ：反対側の奥が、プライベートなスペースですね。

ターコイズブルーが新鮮なリビング

探：リビングとダイニングは、洗練とエレガンスの極みです。リビングはグレー系のホワイトを基調に、ソファやクッション、テーブルランプなどでターコイズブルーの差し色を加え、甘すぎない感じが成熟した女性にぴったり。

イ：ターコイズブルーを持ってくるのは意外ですが、とてもよく合っています。色の濃さや分量など、しっかり計算されているのでしょうね。

探：ディスプレイも工夫されていて、シェルフには本や花瓶、フォトフレームをセンスよく飾っています。

　ちょっと仕切られたダイニングは、ややクラシックな感じに。ダークブラウンのテーブルに、柔らかいフォルムのチェアやゴールドを利かせたシャンデリアがよく合いますね。

ピンク&パープルの完璧な寝室

イ：最後は、寝心地の良さそうなベッドのある寝室ですね。

探：実は、オリヴィアの家で私が一番好きなのがベッドルームなんです。パープルの大きなベッドにシャンデリア。エレガントなパーソナルチェアとデコラティブなフロアランプは、まさに憧れです。

イ：壁一面、扉に鏡の付いたクローゼットもゴージャスですね。

探：おしゃれなオリヴィアは洋服も靴もたくさん持っているでしょうからね。

イ：家もときどきオフィスのように使われてますから、ワインを飲むソファの上と、この寝室だけがくつろげる場所なのかも。

事務所もとってもおしゃれ。重厚なインテリアのオリヴィアのオフィスもお見逃しなく。

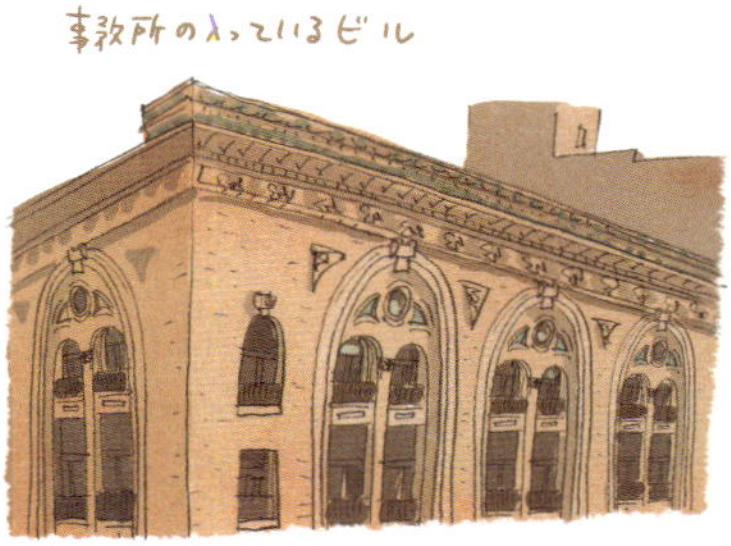

リビングと
ダイニングは、
洗練と
エレガンスの極み。
（探偵）

② ダイニングはフォーマルな雰囲気。趣味の良い、高級感のあるインテリアが選ばれています。

③ 広々とした寝室は、幾何学模様のラグもアクセント。

44 ワンルームを男性向けに仕切るなら……

［パーソン・オブ・インタレスト］

イエ子（以下・イ）：今回は、ニューヨークが舞台のサスペンスドラマ『パーソン・オブ・インタレスト』を取り上げます。

探偵（以下・探）：通称「マシン」と呼ばれる犯罪予知システムを開発したフィンチと、その相棒の元CIAエージェントのリースが犯罪を未然に防ぐために戦うという、今までにない斬新なストーリー。

イ：何といっても、武闘派のリースと天才ハッカーのフィンチの最強コンビがカッコいい！

探：さて、今回読み解くのがリースの部屋なのですが……ドラマを観たことがある方なら、リースの部屋なんてあったかな？と疑問に思われるかもしれません。

イ：そう！これまで取り上げたドラマの中でも、断トツで部屋のシーンが少ないんです。

探：もともと、リースはホームレス。フィンチと仕事をするようになっても、彼の事務所を訪れるくらいで、どこに住んでいるのかも謎のままでした。しかし、シーズン1の終わりに、あることがきっかけで超豪華な部屋に住むことになります。

ストーリー紹介

［パーソン・オブ・インタレスト］

政府の依頼で開発したテロを予測するための監視システムから、秘かに犯罪予測を得るフィンチ。しかし、システムがはじき出すのは関連する人物の社会保障番号のみ。これをもとに、元諜報部員のリースが犯罪を未然に防ぐために奔走します。「危険にさらされていると知らない被害者」を助ける……というひとひねりした設定が斬新なサスペンスドラマです。製作総指揮は『スター・ウォーズ　フォースの覚醒』の監督、J・J・エイブラムス。

ジョン・リース
元兵士で
格闘術、
諜報活動に
精通
街をさまよっている
所をフィンチに……
ハロルド・フィンチ
謎多き
億万長者。
監視システムを
作った人物。

[間取りとインテリア]

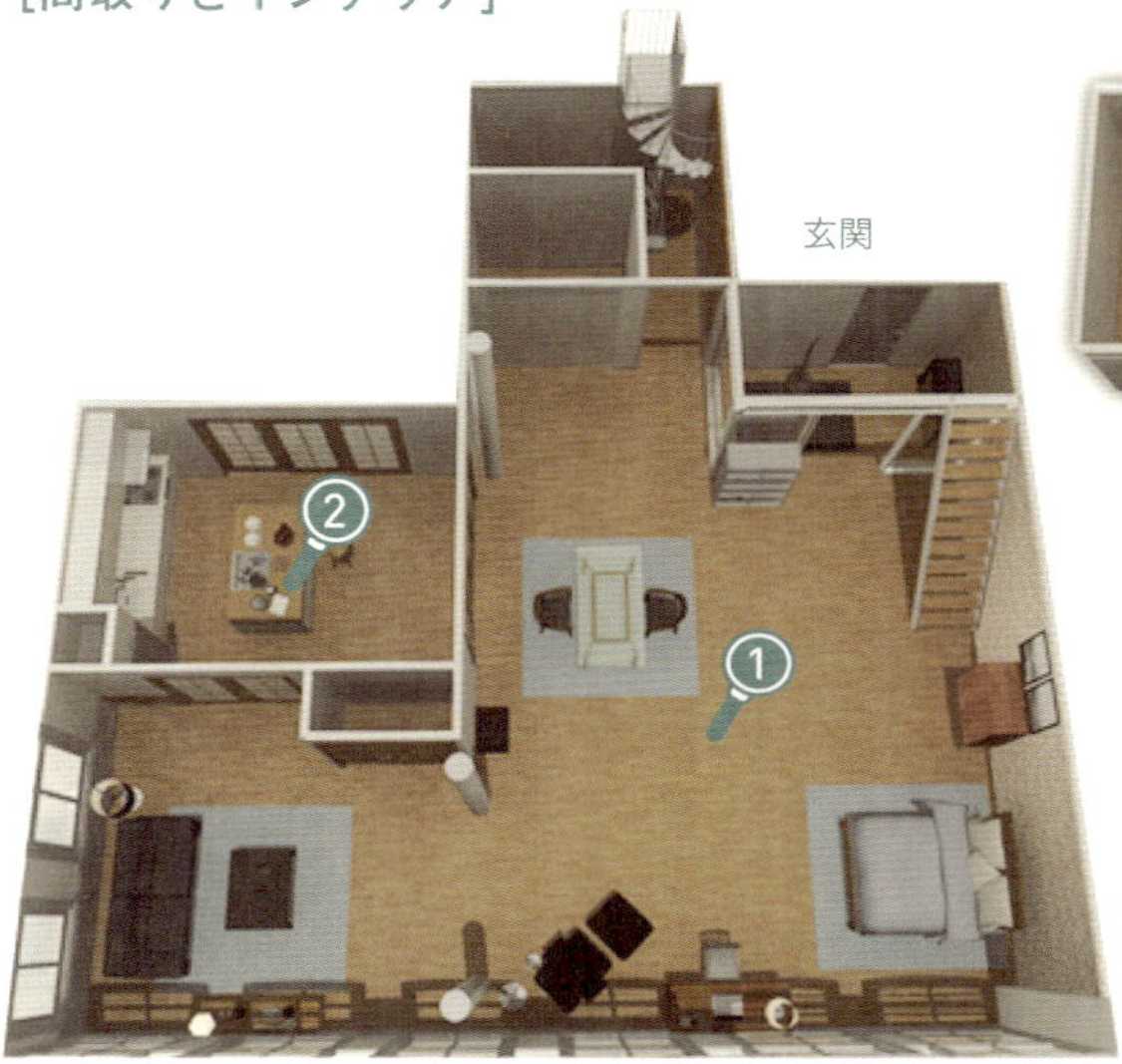

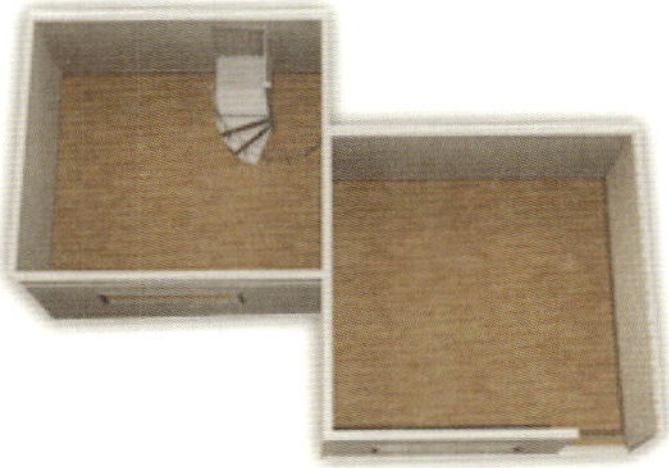

玄関からダイニング・ベッドスペース・リビングが広がるワンルーム＋キッチン。玄関とバスルームの上にロフトがあります。

一面の窓が印象的な、ロフトタイプの広いワンルーム。
（探偵）

①
窓側から玄関を見たところ。家具の少ないひと続きの空間が広がります。

イ：あまり出てこないからこそ、どんな部屋なのか知りたいです！

ワンルーム＋キッチンの広いアパート

探：リースの部屋は、ロフトタイプの広いワンルーム。手前にダイニングがあり、窓側には左からベッドスペース、デスクスペース、右奥がリビングになっています。

イ：広い！ そして一面窓というのが印象的です。リースはベッドしかない殺風景な部屋に住んでいそうなイメージですが、全然違いますね。

開口部が3か所ある独立型のキッチン

探：キッチンもあるんですよ。これだけ広いと、オープンスタイルのキッチンがあってもよさそうですが、キッチンだけは壁で仕切られた独立型の部屋になっています。

イ：3方向からアクセスできる、便利な動線ですね。

使用目的が不明のロフト

探：基本的に生活感のない住まいではありますが、特に常人とかけ離れているのが、リビングにあるクローゼット。実は、この中は壁一面に銃が掛けられた武器庫になっています。

イ：さすが、常に万全の戦闘態勢。

探：さらに気になるのがロフト部分。下から見ると2部屋ある感じですが、何の部屋はわかりません。

イ：奥の方にらせん階段があるので、そこから上がることもできそうですね。

探：もしかしたら、1階部分は見せかけだけで、実際に生活しているのはロフト部分かも？

イ：そんな想像もかきたてられますね。リースがどんな部屋に住んでいるかわかって、大満足です。予想以上にゴージャスな部屋でした。

ジョンとフィンチのアジト

ジョス・カーター
NY刑事
謎のスーツの男を追っている。
ライオネル
ファスコ
悪徳警官
ジョンを殺そうとするが…

「マシン」がはじき出した
社会保障番号を持つ人物を
秘かに探るリース。

2 壁で仕切られたキッチン。両開きの扉を開けると
リビングへ。横の引き戸を開けるとダイニング。

予想以上に ゴージャスな家でした。（イエ子）

ベッド側からリビング
とキッチン（引き戸の
奥）を見たところ。

柱の後ろの木製扉の中は武器庫！

玄関を開けると、こんな風にワン
ルームの空間が広がります。

45

女性作家の光あふれる海辺の別荘

映画［恋愛適齢期］

探偵（以下・探）：今回は、2003年にアメリカで公開された映画『恋愛適齢期』を取り上げます。

イエ子（以下・イ）：読者の方から、素敵な家が出てくるという情報をいただきました。ジャック・ニコルソンとダイアン・キートン主演という豪華キャストで、熟年男女の恋愛をテーマにした映画です。

探：独身プレイボーイのハリーと劇作家のエリカが、戸惑いながらも惹《ひ》かれていく姿が微笑ましいんです。

今回はニューヨークのハンプトン・ビーチにある、エリカの別荘を見ていきましょう。息抜きにはビーチも散歩できて、ロケーションも最高です。

イ：見てください、この広すぎる間取り！　プールまであるんですね。

探：まず、玄関を入ると吹き抜けの高い天井が広がる、リビングルーム。その隣にはダイニングルームがあり、一番奥にキッチンがあります。リビングの両脇には、左側にエリカの仕事部屋兼ベッドルーム、右側にハリーが泊まっているゲストルームがあります。

ストーリー紹介

映画［恋愛適齢期］

劇作家として成功した離婚歴のある50代半ばのエリカ。週末を過ごそうと訪れた海辺の別荘で、娘とボーイフレンドのハリー（しかも60代）と鉢合わせしてしまう。若い娘としか付き合わないというハリーを別荘から追い出したいが、事情により一緒に過ごすことに。そこにエリカに惹かれる若くてハンサムな医師（キアヌ・リーヴス）も加わって、反発する2人の関係が少しずつ変わっていく……。笑えるシーンもいっぱいの、大人の恋愛ドラマです♪

[間取りとインテリア]

窓が多く、太陽と海を存分に味わえる間取りです。映画には出てきませんでしたが、外観からすると2階にもいくつかゲストルームがありそうです。

① さわやかな色使いのリビング。

息抜きには
ビーチも散歩できて、
ロケーションも
最高です。
（探偵）

プールに面した開放感あふれるリビング

探：リビング正面には一面窓が。窓から見えるプールも、夜になるとライトアップされて幻想的です。

イ：よく見ると建具の上にもガラスの開口があって、家中に光が届くようになっていますね。

探：部屋の家具や調度品も、エリカの大人っぽい雰囲気に合った、洗練されたものばかり。お花やパステルブルーのファブリックなどで、いかにも海辺の別荘らしい空気感に。

家族用の広々ダイニング

探：リビングと同じくらい広いダイニングには、中央に大きなアイランドキッチンがあります。

イ：白を基調としたキッチンに、天板の黒のコントラストがおしゃれ！

探：部屋を仕切るようにカウンターがあり、その手前は家族がくつろげるファミリールームです。

イ：簡単な食事はカウンターで済ませるという感じでしょうか。

探：これまでも何度か出てきましたが、広い家だと、リビングやダイニングはプライベートとお客様用に2つあったりします。

イ：来客用のダイニングはテーブルと飾り棚だけが置かれた、シンプルなつくりになっていることが多いですね。さて最後は、エリカの広々とした書斎兼ベッドルームです。

落ち着いた作家の仕事部屋

探：エリカは窓際に大きなデスクを置いて執筆しています。本棚の前にはパーソナルチェアと小さなデスクを、そして手前はベッドを置いて。

イ：この窓の多さ！煮詰まったときに外の景色を眺めたら、リフレッシュできそう。

居心地の良いリビングでくつろぐハリー。

2 白がベースのキッチンを黒の天板が引き締めています。

3 仕事部屋兼寝室。奥は仕事用のデスク。ベッドの手前にはバスルームがあります。

エリカの大人っぽい
雰囲気に合った
洗練されたインテリア。
（探偵）

4 フォーマルなダイニングはリビングとつながった場所にあります。丸いテーブルとおしゃれな食器棚は要チェック。

46

デンマークのおしゃれなダイニング
「THE KILLING／キリング」

イエ子（以下・イ）：今回は、ヨーロッパの北欧ドラマ人気に火をつけたデンマークのミステリー、『THE KILLING／キリング』を取り上げます。アメリカ版リメイクも制作された傑作ドラマです。

探偵（以下・探）：久々にアメリカを飛び出しましたが、デンマーク語が飛び交うドラマは新鮮でした。

イ：2人の刑事が一つの殺人事件を追うというストーリーですが、次から次へと怪しい人物が浮上してきて、もう目が離せないんです。

探：画面も北欧のどんよりとした曇り空におおわれていて、シリアスでダークな印象のドラマなのですが、唯一パッと明るい雰囲気にさせてくれるのが、主人公サラの部屋……ではなく、被害者のラールセン家のシーン。北欧家具に囲まれた、意外と可愛らしい家なんです。

イ：リクエストもラールセンの家でいただきました。登場シーンは少ないのに、みなさんよく見ていますね！

リビングのないこじんまりした家

探：玄関を入るとすぐにキッチン・ダイニング、その奥に小部屋があり、

ストーリー紹介

[キリング] デンマーク版

女子高生の遺体発見から、事件が解決するまでを一日一話形式で描いていくミステリ。緻密なストーリー展開と不器用な一匹狼の女性刑事サラ・ルンドのキャラクターが視聴者の心をつかみ、デンマークでは国民の3人に1人が観たと言われています。国外でも高く評価され、英国アカデミー賞の最優秀国際シリーズ賞を受賞、アメリカではリメイク版も制作。北欧ノワールブームの火付け役ともいえる傑作です！

[間取りとインテリア]

お父さんのタイスは引越し会社を経営。家の1階部分を会社、2階部分を居住スペースにしています。

デンマーク首都 コペンハーゲン

スコットランドのフェロー諸島でつくられる手編みのセーター。主人公のサラはいつもジーンズの上にこのセーター（色違いあり）を着ています。
ドラマの大ファンであるイギリスのチャールズ皇太子妃カミラが、デンマーク訪問の際に撮影現場を訪れ、このセーターを贈られたとか。

デスクやランドリーが置いてあります。そして一番奥が両親の寝室と長女ナナの部屋。ナナの下に兄弟2人がいますが、まだ小さいので部屋はなさそうです。

イ：ダイニングと個室の間に洗濯機2台に、パソコンと本棚……面白い配置ですね。

探：家自体はそれほど広くはなく、リビングルームもなし。両親と子ども3人が暮らすには手狭な間取りのようにも思えますが、家族仲良く暮らしています。

無造作に北欧家具が置かれたダイニング

探：部屋のシーンでよく出てくるのが、キッチン・ダイニング。リビングルームがないので、ここが家族の憩いの場になっています。

探：窓がたくさんあり、日差しがたっぷり入る明るい部屋。キッチンがL字に配置され、中央にダイニングテーブルがあります。目に付くのが、窓際の棚に並べられたグリーンや、カラフルなキッチン雑貨。

　家具に目をやると、北欧デザイナーのものがずらり。ダイニングチェアには、マルセル・ブロイヤーのトーネットS64やアルネ・ヤコブセンのセブンチェアなど、日本ではなかなか高くて手が出ない家具を自然に使っています。

イ：そんな高級家具が置かれていたとは！まったく気づきませんでした。

探：そこに、一見そぐわないようなキラキラとしたシャンデリアが意外と馴染んでいたり、組み合わせ方も面白いんです。

イ：そういうさりげない感じは、さすが北欧のドラマですね。

①
実は有名北欧デザイナーの家具がいっぱい。赤い椅子はアルネ・ヤコブセンのセブンチェアです。

すべてが始まった森

風格のあるデンマークの市庁舎。市長選挙の垂れ幕のデザインもおしゃれ。

ダイニングルームは、家族の憩いの場です。

（探偵）

窓際のグリーンが日差しに映えるダイニング。

ラールセン家

47

紫のインテリアで個性を出す

[ブレイキング・バッド]

イエ子（以下・イ）：今回は、読者のみなさんから特にリクエストが多かったドラマを取り上げます。『ブレイキング・バッド』です！ 舞台はニューメキシコ州のアルバカーキ。高校の化学教師のウォルターが、とある事情から麻薬ビジネスに手を染めるというストーリー。

探偵（以下・探）：地味で気弱なウォルターが、裏社会に染まって変貌していく姿に目が離せなくなります。

イ：評判通り、いえ、それ以上の面白さでした！

探：さて、今回調査するのはウォルターの家ではなく、その義弟のハンクとマリー夫妻の家です。

メキシコ風？な平屋の豪邸

探：まず、立地が面白いですね。広い平原に、土壁のような平屋の家。外観からも土地柄を感じますね。

イ：いかにもニューメキシコ！

探：間取りは、玄関を入って手前にリビング、奥にダイニングがあります。バーベキューができるベランダや車が2台止められるガレージなどもあり、結構な豪邸です。

ストーリー紹介

[ブレイキング・バッド]

パンツ一枚で砂漠の中、キャンピングカーを運転する中年男……果たしてその理由は？舞台はニューメキシコ州アルバカーキ。建物はすべて実在のもので、ドラマ終了後もロケ地を訪れる観光客があとを絶たないそう。地味な化学教師が麻薬王に成り上がるという過激な展開やバイオレンス描写が特色のドラマでありながら、家族愛やブラックユーモアなど多彩な要素を交えた物語が高い評価を受け、数々の賞を受賞しました。

[間取りとインテリア]

たくさん部屋がありそうな外観ですが、今回読み解けたのはリビング・ダイニング・キッチンの三つです。

シュレイダー家

土壁のような
外観が
土地柄を
感じさせます。
（探偵）

紫尽くしのコーディネート

探：リビングとダイニングは天井も高く、とても広く感じますね。よく見ると、壁が階段状になっていたり、両側の壁のニッチにリビングボードと本棚がすっぽり収まっていたりと、凝った内装になっています。

イ：最初に見たとき、階段状の壁の奥は階段があるのかと思っていましたが、装飾だったんですね。珍しいアイデア……。

探：でも、この家で何より目に付くのが、紫を使ったコーディネート。全体が紫色というわけでなく、差し色的な使い方です。妻のマリーの好みなのか、部屋に合わせるかのように、服や飾っているお花まで紫だったりします。

イ：すごい徹底ぶりですね。

探：みなさんも、どこで使われているか探してみてください。

可愛いダイニングスペース

探：リビングの廊下を抜けるとキッチンがあります。2列に並んだ長いキャビネットと、正面には窓もあり見晴らしが良さそう。

イ：一部がカウンターにもなっていて、ちょっとした軽食はここでも取れますね。

探：半円になっているダイニングスペースが可愛らしいです。小さめの円卓を置いて、ここでも食事できるようになっています。

イ：気分に合わせて食事をする場所を変えられるなんて、贅沢ですね。

探：家の外観が映ると、壁がカーブしていたり、出っ張っていたりします。中がどうなっているのか、推理しながら見てみるのも面白いですよ。シーズン3、4ぐらいから、時々このハンクの家が出てくるので、ぜひチェックしてみてください。

真面目な化学教師が選んだサイドビジネスは……。

①階段状の壁など、ディテールに凝った内装。

玄関から奥を見たところ。

あちこちに使われた紫色に注目。

（探偵）

②リビングからひと続きのダイニングスペース。

③キッチンの奥の半円スペースには、小さいダイニングコーナーが。

リビングから続く廊下を抜けると、窓の多い明るいキッチンに。

48

白の分量でイメージが変わるモノトーン

［マイ・インターン］

探偵（以下探）：今回取り上げる映画は、『プラダを着た悪魔』のアン・ハサウェイと、アカデミー賞俳優ロバート・デニーロが共演した2015年の映画『マイ・インターン』。

登場人物のファッションにインテリア、女性の好きそうな見どころいっぱいの映画ですね。古い工場をリメイクしたオフィスも素敵ですが、主人公のジュールズが夫と子どもと3人で暮らす部屋のモダンでゴージャスなインテリアは印象的です。

イエ子（以下イ）：彼女の雰囲気に似合う清潔感のあるインテリアですね。

でも、調査のために見直して、こんなに物が置かれていたんだと驚きました。決して広いとは言えないリビング・ダイニングに、こんなに家具や暖炉、小物が置かれているのに、なぜすっきりとした感じがするのでしょうか。

探：では、そのあたりのポイントを重点的に見ていきましょう。

白×黒のモノトーンをベースに

探：リビングの清潔感を表現しているのは、高い天井や壁など、面積の

ストーリー紹介

［マイ・インターン］

独りで始めた通販ビジネスが、あっというまに200人を超える会社に。大忙しの社長役に映画『プラダを着た悪魔』のアン・ハサウェイ、秘書を務めるシニア・インターンをビッグスター、ロバート・デニーロが演じます。仕事と家庭の問題に悩む30代の女性と70代のサラリーマンの世代を超えた友情、若者世代との交流など、楽しく笑えるヒューマン・コメディです。おしゃれなオフィスも必見！

[間取りとインテリア]

清潔感を
表現しているのは、
天井や壁など
面積の広い部分の
ホワイトです。
（探偵）

玄関から廊下をまっすぐ進むとキッチンに繋がっています。右手にリビング・ダイニング。

① 玄関から中を見たところ。

家の外観は、モダンな内装と違って歴史を感じるたたずまい。

広い部分を占めるホワイトではないでしょうか。物が多くても、白×黒のモノトーンで、あまり色味を加えていないところと、2客のソファ・チェア、暖炉、イームズのダイニング・チェアなど、ところどころに追加されたホワイトが、全体のすっきりと清々しいイメージづくりに役立っていると思います。

イ：本当ですね。よく見るとモノトーンの要素が多いですね。ほとんど黒か白。クッションの模様も、壁に掛けられた絵も。モノトーンは、白をベースにすると清潔感が出るんですね。

探：そうですね。明るくなるし、広く感じます。その中に、ゴールド、ピンクの花、グリーンのソファやクラシックな床材などで甘くなりすぎない程度に、エレガントで女性らしい雰囲気を足していますね。

イ：基調のモノトーンに、どれぐらいの色みやテイストの違う物をミックスするのか……インテリア・コーディネーターの腕の見せ所ですね。

キッチンは、差し色で男性的に

探：次は、キッチンへ。ここが意外なインテリアなんです。普通だったら、リビング・ダイニングと同じように白をベースにした、明るい部屋にするのでは？と思うのですが……。

イ：そうですね。白にちょっとビタミンカラーを入れたり、木目でナチュラル感を増やしたり、というのが一般的なコーディネートでしょうか。

探：でもこの家は、シンク・コンロ、キャビネット、つくりつけの棚などに、濃いブルー・グリーンをたくさん使って、他の部屋よりかっこいい感じの色使いになってるんです。

　これはきっと、専業主夫であるご主人の趣味ですね。男性が立つキッチンにぴったりです。

2 リビングの差し色はソファの黄緑色。ソファのまわりには、実はたくさん物が置かれています。

3 ダイニングは黒と白を基調としたモダンなチェアを。大きなダイニングテーブルの奥にキッチンがあります。

キッチンから見たダイニング

モノトーンは、
白をベースにすると
清潔感が
出るんですね。
（イエ子）

イ：そういうことですか……。ジュールズは仕事命ですから。

探：小物やお皿もあまり色を使わず、白と黒で揃えられているので、棚自体が絵になっています。

イ：このキッチンで採用されているような壁面を使った「見せる収納」では、並べるお皿やカップの色も重要ですね。

引き戸でスペースを切り替えて

探：キッチンとダイニングの切り替わるところには、大きな引き戸があります。キッチン側には、娘のおままごとセットやおもちゃも置いて、家族がくつろぐスペース。引き戸の向こう側はフォーマル用として、インテリアを切り替えているのかもしれませんね。

イ：普段は、キッチンからリビング・ダイニングを見渡せて、いざというときは、扉を閉めて隠せるというのはいいアイデアですね。

探：限られたスペースの使い分けに、おしゃれな雑貨をいっぱい置いていても、すっきりと見せるためのヒントが詰まった家でしたね。

オフィスもモノトーンのインテリア。モダンなパーテーションや照明が目を惹きます。

「見せる収納」では、
並べるお皿や
カップの色も
重要ですね。
（イエ子）

④ キッチンは、濃いブルー・グリーンを基調としたインテリア。リビング・ダイニングより男性的な印象です。食器の並べられた壁面収納がおしゃれ。

キッチンの広いアイランドカウンターは、調理もできて、朝食や軽い食事を取るのにも十分な大きさがあります。

著者

小野まどか

インテリアコーディネーター。1980年生まれ。大学でデザイン学科を卒業後、インテリアショップ、インテリア事務所、大手ゼネコン、リフォーム会社、不動産会社のインテリアコーディネーターなど様々な経験を経てフリーランスに。イギリス留学の経験や、海外ドラマ・映画が好きなことから海外のおしゃれな部屋のインテリアやライフスタイル情報をブログで発信したり、コラムや雑誌の連載など多方面で活躍中。
BLOG：http://nico-interior.com/

イエマガ編集部

「イエマガ」は2006年11月に家づくり情報サイトとして開設。これから新しい住まいを計画している人たちに向けて、新築・リフォームの体験談をはじめ、間取りやインテリア等の実例、少しの工夫で暮らしが変わるアイデアを毎週水曜日に公開しています。
http://iemaga.jp/

イラスト

ヤマサキタツヤ

70年大阪生まれ大阪育ち。イラスト・イラストコラムなど紙面＆ＷＥＢで活動。海外ドラマで一番好きな作品は「ビッグ・バン・セオリー」。著書にアドビイラストレーター指南書『イラレパズル』(エムディエヌコーポレーション)、台南をテーマにしたグルメコミックエッセイ「オモロイ台南」(KADOKAWAエンターブレイン）など。最近は台湾での活動が多い。
台南市政府公式　台南応援団

※本書は家づくりWebマガジン「イエマガ」の連載『海外ドラマの間取りとインテリア』に加筆・再編集したものです。間取り・画像はドラマを完全に再現したものではありません。

海外ドラマの間取りとインテリア

2016年8月3日　初版第1刷発行
2016年8月8日　初版第2刷発行

著者　小野まどか
　　　イエマガ編集部

発行者　澤井聖一

発行　株式会社エクスナレッジ
〒106-0032
東京都港区六本木7-2-26
http://www.xknowledge.co.jp/

問合せ先　編集　Fax：03-3403-5898
　　　　　　　　info@xknowledge.co.jp
　　　　　販売　Tel：03-3403-1321
　　　　　　　　Fax：03-3403-1829